アフターコロナ時代の

トラベル
トランスフォーメーション

JN091092

西田 理一郎

DEPARTURES ✈

序章
旅を通じて「幸福な生き方」を
リデザインしよう

「自分で生き方を選択できる」ことが幸福度を高める

国連が2021年3月に発表したレポート「World Happiness Report 2021」によると、日本の幸福度は156ヵ国中56位。日本という国は、世界的にみても「幸福度」が低いことで知られています。

対して、上位には4年連続1位のフィンランドをはじめデンマーク、スイス、アイスランド、オランダとヨーロッパの国々（特に北欧諸国）が並びます。

この「World Happiness Report 2021」では、以下の6項目を指標に、各国の幸福度の定量化を試みています。

1. 一人当たりの国内総生産（GDP）
2. 社会的支援（Social Support）
3. 健康寿命（healthy life expectancy）
4. 人生における選択の自由（freedom to make life choices）
5. 寛容さ（Generosity）
6. 汚職のなさ・頻度（Perceptions of corruption）

図表0-1 2021年世界幸福度ランキング・トップ10

1位	フィンランド
2位	デンマーク
3位	スイス
4位	アイスランド
5位	オランダ
6位	ノルウェー
7位	スウェーデン
8位	ルクセンブルク
9位	ニュージーランド
10位	オーストリア
⋮	
56位	日本

(参考：星渉『「世界56位」日本が幸福度ランキングで毎年惨敗する根本原因』
PRESIDENT Online/2021.3.26)

この指標の是非はさておき、経済大国であり社会福祉も充実している
はずの、日本の幸福度を押し下げている要因は「4. 人生における選択
の自由」と「5. 寛容さ」にあります。この二つにおいて、日本のスコアは

非常に低いのです。

ここで私が注目したいのは「4. 人生における選択の自由」です。
人は、人生における選択を自分の意思でできると幸福を感じます。ところが、これまでの日本社会では「休まず働く」ことが美徳とされ、土日も残業を強いられるなど、自由に使える時間が限られていました。これではそもそも「自由な選択」のしようがありません。

しかし、私は、これからの時代において「自分の意思で人生の選択ができる」、すなわち「幸福度」を高める大きなチャンスが到来すると考えています。

それをもたらしたのが、あの「コロナ禍」です。

コロナがもたらした「新・アウトソーシングの時代」

2019年末に中国・湖北省武漢で最初の感染者が確認されてから、またたく間に感染が拡大し、世界中で猛威を振るった新型コロナウイルス。2020年4月から5月にかけての最初の緊急事態宣言では首都圏の活動が

ほぼストップし、その後もマスクの着用や人との接触を避けるなど、物理的に制約された生活を強いられる異常な状況を、私たちは経験しました。

そして、人々の行動が大きく制約されたことで、観光業や飲食業、小売業に代表される業界が大きな打撃を受けたことは言うまでもありません。

このコロナ禍がもたらしたものは、どうしてもネガティブな側面ばかりがクローズアップされますが、それだけではありません。
たとえば、私たちの働き方は、この2年ほどで大きく変化しました。リモートワークはコロナ禍以前においても、働き方改革の名のもとに政府が一生懸命旗を振っていましたが、メインストリームにはなりませんでした。
それが、人々が移動や外出にセンシティブになったことで、オンライン技術が急速に普及し、今では多くのビジネスパーソンが通勤から解放され、場所を選ばず仕事ができるようになっています。

加えて、これからはデジタルトランスフォーメーション（DX）の波によって、定型的でシステマチックな業務の多くがAIなどに置き換わっていきます。また、メンバーシップ型からジョブ型へと、雇用のあり方も変化していきます。ビジネスパーソンは些末な作業から解放され、より成果を

挙げることにフォーカスできるようになりますし、より成果を期待される
ようにもなります。

会社や仕事の概念が大きく変化する中で、toB、toCの両面で、さまざ
まな形態のアウトソーシングが普及・加速していくでしょう。アフターコ
ロナにおけるこれらの動きを私は「新・アウトソーシングの時代」と呼ん
でいます。

キーワードは「フレキシブル」と「共感」

「新・アウトソーシングの時代」のキーワードは二つあります。ひとつは
「フレキシブル」です。
リモートワークによって、場所を選ばすに仕事ができる環境が整ったこ
とは、地域や国境を越えてさまざまなパートナーとの協業の可能性が
広がったことを意味します。これからはプロジェクトマネージメント型の
アウトソーシングモデルなど、従来の内製化にとらわれないフレキシブ
ルなパートナーシップの動きが加速していくでしょう。また、消費者
（toC）の立場からみても、モノの所有にこだわらないカーシェアリング
などのサブスクリプションモデルが普及していくでしょう。

そして、もうひとつのキーワードが「共感」です。

「新・アウトソーシングの時代」では、個々人が会社組織という「強制的コミュニティ」に縛られずに、自ら能動的・主体的に、参加したいコミュニティや仕事を選択するようになります。そして、好きな人や気心知れたパートナー、師と仰ぐ人と「個（n=1）」での深い関係を望む傾向が高まります。

つまり、人脈やネットワークの数・広さを競っていた時代から、人との付き合いにおいても、表面的な付き合いを減らし、少数でもより深い「共感」にもとづくつながりを主体的に選択する方向にシフトしていきます。共感が強い人とはより深くつながり、共感が弱い人とはどんどん疎遠になっていくでしょう。

「幸福な生き方」のリデザインがテーマとなる

アウトソーシングは、リストラクチャリングと表裏一体の関係にあるため、シビアな現実も突きつけます。アウトソーシングが加速する中で、オフィスや人件費も含め、従来の組織や業務のあり方が洗いざらい振るいにかけられ、リフレーミングを余儀なくされるでしょう。

しかし、この「新・アウトソーシングの時代」がもたらしたもの――主体

的に、かつフレキシブルにコミュニティや仕事、パートナーを選択できるようになったこと——こそ、コロナ禍がもたらしたポジティブなインパクトだと私は考えます。

これまでムダな電車通勤や残業に費やしていたリソースを自由に使いながら、ビジネスにおいてもプライベートにおいても、フレキシブルにパートナーやコミュニティを選択し、幸福な生き方を求めていく。つまり、日本人の幸福度を押し下げていた「人生における選択の自由」がもたらされたのです。

そして、人々が追い求める「幸福」も、世の中のトレンドは外見的・物質的な幸せから内面的・精神的な幸せへとシフトしています。マーケティングを生業とする私は、トレンドを牽引するアーリーアダプターである富裕層の動向を日々ウォッチしていますが、彼らの消費性向の変化をみても、より内面的・精神的な幸せを志向しているのは間違いありません。アフターコロナは「人生観の大きなシフト」の時代と言えます。

仕事においても人付き合いにおいても、自分がやりたいこと、自分が付き合いたい人を主体的に選択し、そこに効率化・省力化によって生み出さ

れた時間のリソースを振り向けていく――アフターコロナにおいて、個人が自分の仕事やパートナーを主体的に選択できるようになったことは、自分自身の「幸福な生き方」をリデザインする大きなチャンスなのです。

旅は「幸福な生き方」への第一歩

自分自身の「幸福な生き方」のリデザインが、アフターコロナにおける大きなテーマとなる。その点で、ひとつのきっかけを与えてくれるものがあります。
それが、本書のテーマである「旅」です。

旅と聞いて、どんなイメージを思い浮かべますか。
海外パッケージツアー。社員旅行。慰安旅行。
1泊2日、あるいは2泊3日で国内の温泉地やリゾートを訪れる旅。
日本人が思い浮かべる「旅」の典型的なイメージは、このようなものではないでしょうか。

個人が主体的に生き方を志向し、自分の幸福度を高めるために時間というリソースを活用できるこれからの時代においては、従来のイメージ

とはまったく違った旅が主流となってきます。むしろ、従来の定型化された旅とはまったく異なる旅の体験を、自分の生き方のリデザインのために採り入れる必要があります。

それが、本書を通じて私がお伝えしたいメッセージです。

自分にとって心地よいライフスタイルはどのようなものなのか?それを自ら主体的に考え、実現できる時代に、旅というものがこれまでのように受動的な姿勢では何も得られません。

「今度の3連休はどこに行こう」という発想では、すでに「3連休」という条件に縛られていることになります。そして、その3日間を埋めるために必死で観光地を周る。この旅のスタイルを、私は「時間消費型トラベル」と呼んでいます。

日本人特有の受動的な「時間消費型トラベル」ではなく、「神秘的なオーロラを観られる時期にフィンランドまで出向き、待ちかまえよう」と、目的から逆算して旅をプランニングする発想が必要です。自分の生き方をリデザインするためには、主体的に、目的をもって旅をプランニングする必要があるのです。

もっと言うと、これからは旅そのもののあり方をトランスフォーム（変容）していくべきです。そして、その旅をトランスフォームする上で求められること──プランニング能力や五感をフル活用して情報を収集する能力など──を総称して、本書では「旅力」と定義しています。

本書は、総論、各論含め大きく3つで構成されています。

第1部では、アフターコロナで世の中がゼロリセットされる中で、旅を自己成長のきっかけにすること、また、コロナで弱ってしまった五感を再び呼び覚まし、活性化することの必要性について述べます。そして、従来の「時間消費型トラベル」から、旅をトランスフォームするために必要な「旅力」についてお話しします。

第2部では、そのように旅のあり方をトランスフォームする上で多くの示唆を与えてくれる存在である、世界の富裕層にフォーカスします。彼ら富裕層の歴史的な経緯から、自らのライフスタイルに旅をどう採り入れていったのか、また、アーリーアダプターでもある彼らの消費動向から、これからの旅のトレンドを展望します。

第3部からは、総論から各論に移り、いくつかのキーワードに沿って、これからの旅のトレンドを、事例とともに展望していきます。読者の方がすぐにアクションを起こせるよう、国内外問わず、可能なかぎり多くの事例を紹介しています。第3部は「五感の回復」をキーワードに旅の事例を集めました。

第4部では、仕事と旅もシームレスに楽しめる時代になり、空港やホテルも、それ自体が旅のコンテンツになるなど、これまでの常識にとらわれない旅のさまざまな楽しみ方や、意外な旅のスタイルをご紹介します。

最後の第5部は、少し視点を変え、企業のブランディングに旅の体験を採り入れた事例をご紹介します。旅の体験が顧客の「共感」を生み、エンゲージメントを高める効果をもたらします。

アフターコロナで世の中が「ゼロリセット」されたからこそ、従来の価値観や常識にとらわれず、自由に「旅」をプランニングしてほしい。そして、自らの幸福をリデザインするきっかけを、旅を通じて探してほしい。

本書が、その第一歩を踏み出すきっかけになっていただければ幸いです。

コロナ禍で、世界の価値観や常識が「ゼロリセット」されました。不確実性が高まり、「問い」が与えられない世の中で、自ら「問い」を立て、判断を下していくためには、ロジカルな思考力よりも「感性」にもとづいた思考力が求められます。

また、長引くコロナ禍で移動や人との接触を大きく制限された中で、人々の「五感」が大きく閉ざされてしまいました。人間らしさを取り戻す「五感の回復」は、アフターコロナにおける人類共通の課題と言ってもよいでしょう。

五感を開放し、感性をもう一度研ぎ澄ませるために、アフターコロナでは「旅」に出て、五感で多くの情報を吸収し、感性を深呼吸させましょう。そのためには、これまでの典型的な日本人の「時間消費型トラベル」から脱却し、旅のあり方そのものをトランスフォーム（変容）させる必要があります。それが、第1部のテーマです。

第1章 旅がもたらす自己成長

1-1 コロナで世界の「価値基準」が変わった

画一的な「人材の大量生産モデル」の崩壊

2021年1月、パナソニックは既存の早期退職制度を拡充させた「特別キャリアデザインプログラム」を期間限定で導入し、割増退職金を加算することを発表しました。日本を代表する家電メーカーが、バブル入社組を対象に大規模リストラという"聖域"に踏み込んだニュースは、世間に大きな衝撃を与えました。

これまでの日本企業では、ジョブローテーションや転勤、長時間労働、年功序列での給与設計など「会社に大きな損失を生まないかぎり定年まで働ける上、一定の給与上昇が見込まれ、退職金も支払われる」ことが当然とされる時代でした。しかし、IT・デジタル技術の進化によって、世の中の働き方は劇的に変化しており、日本は大きく遅れをとっていました。
その激流の中にあって、伝統的な日本の大企業のこのような動きは、終身雇用をはじめとする日本型雇用の終焉を告げるようでもあります。

2020年は目に見えない新型コロナウイルスに襲撃され、日本に限らず世界が未曽有のパンデミックに陥りました。その一方で、オフィスへの

通勤が制限されたことで、テレワークで業務遂行が可能なことに企業も気づき始めました。つまり、不要な人材がはっきりと浮かび上がり、既存システムは崩壊の一途をたどり始めています。

この変化は、これまでの画一的な人材の大量生産モデルが通用しなくなった時代に突入したことを意味しています。

アフターコロナにおけるビジネスパーソンのリスクとは

コロナがもたらした環境変化によって、個々のビジネスパーソンと会社との関係も、大きなパラダイムシフトの時代を迎えようとしています。定年まで大過なく勤め上げる「就社」を前提とした「メンバーシップ型雇用」から、ジョブディスクリプションをもとに、そのポストに相応しいスキルや経験を重視する「ジョブ型雇用」へのシフトが加速していきます。

この変化は、市場競争力の高いジョブスキルや経験を有しているビジネスパーソンにとっては大きなアドバンテージになります。会社という「箱」にとらわれず、そのジョブスキルをもとに複数の会社で仕事をしたり、フリーランスな働き方をするなど、ワークスタイルの自由度が高ま

り、選択肢が増えるからです。

裏を返すと、労働集約型のコモディティ化したスキルしか有しないビジネスパーソンは、このパラダイムシフトの波に取り残されるリスクがあります。事実、このコロナ禍において、時間をお金に換えるような労働集約型産業の収入は減少傾向にあります。収入を増やしているのは、時間ではなく「価値」をお金に換えた人たちなのです。

このように、コロナ禍が世の中の変化を一気に加速させる中で、従来の価値基準で大学や企業に認められ、コースを歩んできた人材にとっては、ますます厳しい時代となりました。冒頭で紹介した、日本を代表する電機メーカーにおける動きはその象徴と言ってよいでしょう。
大上段に構えるようですが、「これまでの当たり前が当たり前でなくなった」のです。

終身雇用のロールモデルが崩壊しつつある中で、これからの私たちは「正解」のない時代を生きることになります。VUCA（Volatility：変動性、Uncertainty：不確実性、Complexity：複雑性、Ambiguity：曖昧性）時代の到来です。

確かなものなど何もなく、複雑性がますます高まっている現代社会。ビジネスモデルも猛スピードで激変し、世界は混沌としたミステリー、つまり「答えのない問題」を多く抱える時代を迎えたのです！

そのような時代において、与えられた選択肢の中から最適解をチョイスするような日本的教育では、間違いなく後れをとることになります。

不確実な時代に求められる「感性思考」

こういう時代を生き抜くための人材となるには、何が求められるのでしょうか？

私は、突き抜けた「感性思考」が必要であると考えています。

これまでの日常生活が一転する中で、人々は生き抜いていくために知恵を絞り、新しい生活を模索し始めました。「機能編集」と呼ばれる、さまざまな商材を組み合わせるエンジニアリング力により、非接触・非対面技術を開発した製品やサービスなど、このコロナ禍でも安心・安全な環境を作り出しています。また、産学官連携のオープンイノベーションによる新産業の創出や社会の課題解決などのアイデアが続々と生まれています。

このような、感性や創造力を駆使するエンジニアリング力こそ、まさに
これからの時代に求められるスキルのひとつでしょう。もはや単一の機
能で成り立つものはなく、それぞれの専門知識や技術をいかに融合さ
せて、新しいものを作り出していくのかが求められています。
創造力は、「正解は１つ」という発想からは生まれません。

また、「正解のない時代」においては、固定概念にとらわれることなく常
識といわれていることをぶち壊していく「新たな視点による基準づくり」
が求められます。
近年では、WEBマーケティングなどの領域を中心に「グロースハッカー」
と呼ばれる職種が大きな注目を集めています。Growth（成長）×
Hacker（技術的知識を利用して課題を解決する人）の視点を持ち、新た
な手法で責任を持って急成長の可能性を秘めて推進する人材です。
ショーン・エリス、モーガン・ブラウン著『Hacking Growth グロースハッ
ク完全読本』（日経BP）によると、グロースハックのコア要素は次の３つ
に集約されます。

- マーケティングと製品開発の分業体制を打ち破り、組織横断型チー
  ムを結成する。

- 定性調査と定量のデータ解析を併用し、ユーザーの行動と嗜好に関する深い洞察を得る。
- アイデアを迅速に生成・検証し、その結果を厳しい基準で評価して対応する。

マーケティングというひとつの部署にとどまらず、製品・サービス開発も含めて横断的にチームをつくりながら、ユーザーの行動と嗜好を深く洞察し、アジャイルでアイデアを生み出し、実行する。このような柔軟さとスピード感を兼ね備えたマーケティング人材こそが「グロースハッカー」であり、Facebook、Twitter、Clubhouseといったシリコンバレー発のスタートアップを成長に導いたのです。

旅を通じてグロースハッカー的感性思考を養う

不確実性の高い、変化のスピードの速い世の中において、深い洞察力を持って課題を発見し、課題を解決するグロースハッカーのような「感性思考」を磨くには、どうすればよいのでしょうか。
研修やセミナーを受講する。ビジネススクールで学ぶ。今、この本を手に取っていただいたように、本からヒントを得るのも有効な方法でしょう。

しかし、意外に知られていない方法があるのをご存じでしょうか。課題の発見や解決につながる洞察力と感性が磨かれ、それでいて研修やセミナーより何倍も刺激に満ちていて、五感をフルに揺さぶることができる方法を。

それこそが「旅」です。

旅は、新しい知識を習得し、さまざまな人と出会いながら自分と異なる文化、習慣に触れる最良の体験価値をもたらしてくれます。とりわけ、海外での旅の体験は、日本において常識とされている固定概念をぶち壊す、貴重な経験をもたらしてくれます。

グロースハッカーのような「感性思考」のスキルが高い人は、次に来るトレンドの「兆し＝芽」をいち早くキャッチし、その「兆し＝芽」をヒントにアイデアを形にしていきます。「将来、おそらくこのような変化が訪れるだろう」と予測し、早送りの発想からリソースを集中投下します。
この「兆し＝芽」をキャッチする力とアンテナの感度は、自らが予測できないような環境――訪れたことのない土地、とりわけ海外での体験――を通じて気づくことが往々にしてあるのです。

日本が今後、世界から取り残されてしまわないようにするためには、こういった異国・異文化の環境下で感度、感覚を研ぎ澄ませる体験が必要と私は考えます。現にいま、アジア諸国の若者は非常に積極的に海外へ飛び出し、さまざまな経験を積んでいます。

簡単に今の生活習慣を変えるのは難しいことです。海外駐在や海外留学も、気軽にできることではないでしょう。しかし、旅なら、意識の持ち方次第で誰でも比較的すぐに始められることなのです。

旅を通じて視野を広げよう

旅の体験によって磨かれるのは「感性思考」だけではありません。自分自身の「視野」を広げる上でも旅は有効な機会となります。

人は年齢を重ねるごとに、考え方や価値観、趣味志向が固定化されていきます。それに伴い、日々の意思決定も徐々に保守的になり、経験のあることやよく知っているお店などをつい選びがちになります。知らず知らずのうちにものを見る視野が狭くなっているのです。

アフターコロナで世の中の価値がゼロリセットされた今、視野が狭いま

までは大きなリスクとなります。狭い視野の中で新しい情報を探し回ったところでたかがしれています。視野が限られてしまうと、比例して観察力も低下してしまいます。

家と会社の往復や、長年住み慣れた家の近所を散歩したところで、新たな情報や刺激が入ってくるはずがありません。日常のルーティンに順応しきった感覚や思考を取り払うことが、新しい時代に求められるビジネスパーソンへの第一歩です。
その視野を広げる上で、旅に出ることほど有効な手段はないでしょう。知らない国、訪れたことのない場所で、次々と目に飛び込んでくる情報はすべて新しい景色や体験なのですから。

「視野を広げろ、と言われても急にはできない……」と思う人もいるでしょう。しかし、そういう人にこそ、見知らぬ土地を訪れ、思考のバイアスを取り払って視野を広げる旅の体験が、自分自身を変える大きなきっかけを与えてくれるのです。

1-2 「旅力」はビジネススキルでもある

旅を通じて鍛えられる「ビジネスパーソンとしての価値」

「旅を通じて鍛えられるビジネスパーソンの価値」を、私が専門としているマーケティングの観点から掘り下げて整理してみると、大きく二つの軸で説明できます。

ひとつは、旅を通じて自分がどう異国のカルチャーになじんで、その異国で自分の価値を最大化できるか、の軸です。

日々、「自分ベクトル」で過ごしていると、自分の「やりたいこと」を基準に物事を考え組み立てる思考に慣れてしまっています。ところが、「郷に入れば郷に従え」ということわざもあるように、異国の地を旅するということは、その国のルールや物価、文化、慣習、宗教など、日本とは違う環境に身を置くということです。旅は、その異なる文化の中で、自分自身をいかに価値化させられるかを試す絶好の場でもあるのです。

私の場合は、商談などで初めての国を訪れる際は、その国のローカルルールを頭に入れながら「どうすれば日本人の私がこの国の人々に受け入れられるだろうか?」と考えます。自ずと、思考のスイッチが「自分ベ

クトル」から「他者ベクトル」へと切り替わります。「他者ベクトル」で考え、行動することで国籍を超えた仲間ができ、信頼の一歩につながります。この目線は、マーケティングにおける「プロダクトアウト」視点から「マーケットイン」へ視点を変えることとよく似ています。

また、住み慣れた日本にいると何かと勝手がわかっているので、何かうまくいかないことがあると問題ばかりをついつい言いがちです。
しかし、知らない土地で何か問題が起こると、自ずと視点が「問題解決」にフォーカスされます。つまり、目の前の問題を解決するために何をすべきか?ということを考えざるを得ないのです。「プロブレムフォーカス」ではなく「ソリューションフォーカス」の視点が、とりわけ異国を旅することで自然と身につきます。

コミュニケーションマーケティングの定義は、世界共通です。「受け手」と「送り手」の双方による感情・約束・ウォンツ・利害・制約条件・立場・社会情勢・時代背景・国民性・タイミング……などが複雑に絡みあうことで成立します。
しかも、それはスタティックなものではなく、常にゆがんだり、ぶれたりし続けます。昨今はSNSを用いたフェイクニュースも増加傾向にあり、

マーケットは常に動いています。

そのダイナミックなマーケットの中で、自分の揺るぎない「絶対基準」を作り上げることが、ビジネスパーソンには求められます。そのきっかけとして、「旅」に出る＝真っ白な状態で、自らが気づいていない能力を引っ張り出す作業が必要なのです。

異国を観察して鍛えられる「マーケティング・アイ」

もう1つは、「マーケティング・アイ」の軸です。

マーケティングの中心課題は、「顧客の満足」をめぐるメカニズムと動向にあります。顧客は、消費する主体である前に一人の「人間」であるということを忘れてはなりません。人間は、多くの欲求を持った「満足欠乏動物」でもあります。当然ながら、「何に満足するのか、しないのか」も、国ごとの文化や慣習、経済事情、政治体制などによって大きく左右されます。そのことを念頭に置きながら、旅において「この国の人は何を満足としているのか？」「この国のどこに、足りていないものやマーケットが存在するのか？」と観察することは、マーケッターとしての目線を鍛える絶好

の機会になります。

私の場合は、異国の知らない街を訪れたら、まず地図で街の構造を
ざっと把握し、街を歩くようにしています。
ヒューマンウォッチングをしながら、生活の価値基準をざっと探るため
に、地元のスーパーや市場、百貨店などに立ち寄ってみます。商品の品
揃え、構成、売価などをチェックして物価と価値をざっくりつかみます。
顧客は何を求めているのか?なぜ求めているのか?店頭では売り手と
買い手による価格と価値のトレードが繰り広げられています。

このように、旅先の異国で何を観察し、どのように感じるのかによって、
マーケッターとして観察視点を絞り込みフォーカスする能力、すなわち
仮説設計能力、調査設計能力が鍛えられます。

マーケティングにおいては、統計解析的なデータ分析ももちろん必要
です。しかし、定量的なデータを眺めるだけでは、顕在化している現象
の底流にある「みえない構造」を把握することはできません。現物(実
体)とその動きが現象(＝イメージ)である以上、表面化されたデータだ
けでその現象を具体的に認識するには限界があります。だからこそ、現

象を直観的に捉える能力が必要です。それこそが、すなわち「マーケティング・アイ」なのです。

「百聞は一見にしかず」とはよく言ったもので、直感的なイメージとして捉える能力を鍛えるには現地に足を運び、空気に触れて感じ取ることがいちばんです。この能力は、構造的（論理的）アプローチに相反する、直感的（＝好き嫌い、非論理的）アプローチともいえます。

データではみえない構造を洞察する

知らない土地に出向いたとき、「ここでは何の情報をインプットして、何をインプットしないか」を瞬時に取捨選択する力が求められます。この力もマーケティング・アイのひとつです。
その作業は無意識に行うものと、意識的に行うものの両方があります。潜在意識と顕在意識の両方のアプローチから、価値の序列、つまり、何が自分にとっての価値なのかを取捨選択する力が求められるのです。

数年前に、ある日系の大型スーパーのベトナム進出をお手伝いしたことがあります。

現地のホーチミンに降り立った私は、まず街中を歩いてみました。すると、まず若い子が圧倒的に多いことに気がつきます。

事実、ベトナムという国はベトナム戦争の影響で、高齢者が少なく、その当時で平均年齢が27歳くらい。人口は約1億人と、マーケット規模としては日本とほぼ同じなのですが、人口構成比がまったく異なるのです。

その人口特性を反映し、スマートフォンの普及率は約99パーセントと日本以上です。情報リテラシーも高く、ベトナム独自のSNS「Zalo」で日々情報収集しています。このSNSで「日系スーパーが本日オープンします!」という広告を一斉に流せば、かなりの確率で認知されるというわけです。

その日系スーパーのオープン日に訪れてみると、そこでもさまざまな情報が目に、耳に飛び込んできました。

日本のスーパーのオープンを心待ちにしていたのでしょう。店内は多くの人で賑わっていました。よく観察してみると、来店した客の多くは、1つの商品をレジで購入し、それをフードコートで食べ、食べ終わったらまた別の食品を手にしてレジに並んでいました。日本に比べて冷蔵庫が「ぜいたく品」とされ、普及率が低いベトナムでは「まとめて購入し自宅にストックする」という文化がないのです。

また、フードコートには多くのゴミが散らかっていました。ゴミ箱に捨てる習慣が、現地のベトナム人にはどうやらないようです。私が店の人に、ゴミの捨て方を客に周知するように伝え、ゴミ箱を設置すると、現地の人はだんだんと学習するようになり、ゴミが散らかることはなくなりました。

このように、異国の環境の中に身を置くと、マーケティング・アイを駆使することで、その現地でしか得られない情報をインプットすることができます。マーケティング・アイを鍛えることで、物事の本質を知り、さまざまな現象を的確に捉える構造的視点を持つことができれば、需要と供給のあり方や、顧客から求められる価値が変容したとしても、即座に対応できるようになります。世界で通用する人材になるにはこういうことが必要なのです。

説得力のある実践型マーケティングは、市場をリアルに把握し、そこにぶつけていく力です。もちろん机上のマーケティング理論は、ある一定の知識が重要ではありますが、成功者は、みな、商品やサービスを具体的にマーケットに向けてチャレンジし、トライアンドエラーを繰り返しています。紙の上で学ぶのではなく、実践の中でやり続ける。勘を研ぎ澄ませ、やりながら、売りながら、こけながら、走る。いざ、ブルーオーシャンを探しに海外へ！

旅の体験価値を変える「旅力」

このように、知らない土地に出向いて何をインプットし、何を入れないのか、というマーケティング・アイを駆使しながら価値の序列を考える訓練を行うには、旅はとても良い機会になります。

顕在意識として、目標設定を決めて1つ1つ小さなゴールを達成するというような考え方ではなく、旅を通じてよりいっそう、自分の作り出したい、生み出したいビジョンを描く価値観型思考＝潜在意識をどう調理するか？ということが、旅を通じて体験できるのです。

また、旅中で何かをつかもうとする思考を持ち、常日頃からアンテナを張って情報をリサーチする、コミュニティに参加する、などの行為を無意識の中で積み重ね続けると、追い求めていたもののヒントが突然目の前に現れることがあります。偶然のような必然。まさに「セレンディピティ」が起こるのです！これが旅の魅力であり、価値なのです。

これらのことを踏まえて私が提唱したいのは、「これから世界に通用するビジネスパーソンになるために『旅力』を身につけよう！」ということです。

「旅力」とは何か？旅のプランニング・設計段階と、実行段階とに分けて説明します。

まず、旅のプランニング・設計段階では、従来の「時間消費型」の旅行スタイルから離れて、目的を明確にし、目的から旅行先や日数を決めるプランニング力が求められます。
目的を設定する際には、なんとなく「○○に行ってみよう」「○○を体験しよう」だけでなく、旅を通じて何を得たいのか、どういう変化をもたらしたいのかを、もう一段踏み込んで考えてみることを薦めます。

そして、旅の実行段階では、前述した二つの軸、つまり「自分がどう異国のカルチャーになじんで、その異国で自分の価値を最大化できるか」の軸と「物事の本質を知り、さまざまな現象を的確に捉えるマーケティング・アイ」の軸を、旅先で意識してみることが大事です。

加えて、見知らぬ土地で視野を広げ、知らず知らずのうちに自らの思考に植えついてしまっているルーティンの順応力を取り払い、異文化とのコミュニケーションを通じてデバイアス（偏見解除）力を鍛えましょう。これも重要な「旅力」となります。

これまでの受動的な旅の消費から一歩脱却して、自らの目的を明確にする。その目的から逆算して旅のプランを設計してみる。旅先では五感をフル活用して、感性を研ぎ澄ませながら情報を収集する。

これらのことを意識してみることで、旅の体験価値が大きく変わっていき、自分自身を大きく成長させる機会にすることができるのです。これが、私が提唱する「旅力」です。

マズローの欲求階層説に「旅」を当てはめると？

旅をより主体的にプランニングする「旅力」を身につけながら、旅を自分自身の成長機会に採り入れていく。その意味で、興味深い学説を紹介します。

大学の授業、あるいは企業研修などで「マズローの欲求階層説」を聞いたことがある方は多いと思います。そのマズローの欲求階層説を理論的な枠組みとして、ピアースは、「トラベル・キャリア・ラダー（Travel Career Ladder）」と呼ばれる観光動機の５段階モデルを提唱しました（図表1-1）。

ピアースによると、人々の観光動機は５段階（リラックス欲求、安全‐刺

図表1-1　トラベル・キャリア・ラダー (Travel Career Ladder)

Maslow説との対応

自己実現		自己実現欲求
自己発展 (文化・歴史・環境・本物性)		自尊欲求
関係強化 (家族・親友との関係)		所属と愛の欲求
関係欲求		
威光	新奇性 (場所・活動)	安全(↔危険)欲求
リラックス (睡眠・逃避)	生理的 (飲食・性)	活動 (スポーツ・レクリエーション)	生理的欲求

(出典) 人はどうして旅するの？(観光動機)／林幸史

激欲求、関係性欲求、自己発展の欲求、自己実現の欲求）のいずれかに
位置づけられ、その観光動機はライフサイクルや旅行経験によって、ラ
ダー（はしご）を上がるように段階的に発展していくというものです。

この「トラベル・キャリア・ラダー」に当てはめると、日本人における観光動機の多くは「関係強化（家族・親友など）」が占めるのではないでしょうか。旅を自己成長の機会にしていくためには、さらにラダーの上位にある「自己発展」そして「自己実現」へと、旅の動機を引き上げていく必要があります。

第2章 失われた五感回復の「旅」に出よう

2-1 アフターコロナは「五感の回復」が急務

テクノロジーの進化の陰で忘れられた、五感の大切さ

不確実性が高まり、問いが与えられないアフターコロナ時代に求められるビジネスパーソンの価値を、旅を通じて高めていく「旅力」の必要性についてお話ししました。

そのことと併せて、もうひとつ、いま私たちが「旅」をしなければならない明確な目的があります。

アメリカ・アリゾナ州のセドナ。シャスタ、ルルド、エヴィアンなど、世界のパワースポットの中のひとつとしても知られています。

そのセドナにある「オーベルジュ・ドゥ・セドナ」で体験したスペシャルなひと時を、私は忘れることができません。

新緑がひときわ美しい輝きをみせる初夏。小川のせせらぎに涼を感じながらテラスに腰を下ろすと、開放感と爽やかな空気に旅の疲れが癒されます。セドナの大自然に囲まれながらフルコースを堪能し、ワイングラスを傾ける時間はまさに至福……!自然と食を五感でフルに味わうような、特別感を覚えた体験でした。

このセドナでの体験を回想しながら、私がひとつ危惧していることがあります。長引くコロナ禍でワークスタイルや生活様式が激変し、多くの人が長期間の巣ごもり生活を余儀なくされたことで、このような元来人間に備わっている「五感」を発揮する機会が著しく減少しているのです。

リモートワークが浸透し、オンラインシステムを活用した会議も今では当たり前の風景になりました。プライベートでも「リモート飲み会」のようなリアルな接触を避けた飲食のスタイルや、デリバリーサービスの普及に伴う個食化などが進みました。
これらの動きは、生産性の向上や合理化をもたらす一方で、五感を活用したコミュニケーションの機会を失わせました。リアルな会議だからこそ、「気」も含めた相手の感情をより理解することができますし、実際に人と空間を共有しながら食事やお酒を楽しむほうがより五感を活用することができますが、その機会が激減しました。

序章でも触れたとおり、人々のワークスタイルが労働生産性を高める方向に進化し、自由な時間リソースが増えたことは歓迎すべきことです。その一方で、テクノロジーの進化によって人間らしく五感を活用する機会が減っているという負の側面も、私たちはもう一度認識すべきでしょう。

テクノロジーと共存しながら人間らしさ、つまり五感を回復する。それこそが、これからのアフターコロナ時代の大きなテーマとなるのです。

四季や自然とともに五感を育んできた日本人

振り返ると、日本人は、これまで四季や自然と上手に調和しながら、五感をフルに動かして暮らしてきました。

そのことを思い出させてくれたのが、2021年の春のことです。東京ミッドタウンを散歩しながら、私は咲き誇る桜を鑑賞しました。

さまざまな形の配列でピンク色が衝撃的に目に飛び込み、匂いや空気を通して春の空間と景色を見事に作り上げていました。この五感の連鎖は、鑑賞している私に、とても和やかな感性、そして心地良い解放感とリフレッシュ感を呼び起こし、快い感情を芽生えさせてくれました。

「視覚・聴覚・嗅覚・味覚・触覚」の五感という、人間に本来備わっている力が目を覚ますのを感じました。

長らく忘れかけていたこの感覚。心身ともにリラックスできたとともに、感性が深呼吸することの大切さにあらためて気づき、再認識させられた出来事でした。

このように、季節の変化の豊かな日本ほど、暮らしの中で五感を育むことができる国はないと言っても過言ではないでしょう。食材も季節によってさまざまな「旬」を味わい、匂いを楽しむことができます。蒸し暑い夏や凍えるような寒さの冬を、快適に過ごすための知恵が受け継がれています。俳句の季語や時候の挨拶にも、四季の豊かさを感じることができます。

五感を大切にしながら、豊かな記憶を紡ぎ、未来へと受け継いでいく。コロナ禍の中で人々が失いかけていた、この人間らしい営みを、私たちは取り戻さなければなりません。

究極の五感回復「感情ファンタジー」の力

五感がキャッチし、心の内側から「見る」世界は、肉眼で「見る」外側の世界よりも深く、無限の広がりを持っています。

遠くから眺める山並みの色は、見方によって青くも黒くも見えます。近く
で見てみると、その葉っぱは緑色をしています。これはどちらも間違って
いません。

大事なことは、「どっちが本当の山の色?」ということではありません。自
分の心のキャンバスに映る色は何色か?それを自分は五感でどう感じ
とったのか?ということ。それを、先入観や常識にとらわれず、ありのま
まに描くことです。ここでは「感情ファンタジー」と呼びます。

心の中の「感情ファンタジー」は、人間に本来備わっている大事な機能
です。そのことは、自身の幼少期を振り返ってみるとより実感できるので
はないでしょうか。

この世に誕生してから幼少期にかけて、人間が目にするもののほぼす
べてはサプライズです。初めて見るもの、聞くもの、食すもの。初めて体
験することの連続で、好奇心と感受性がフル稼働しています。脳が発育
していく前の段階では、考える前に「感じる」のです。

私の幼少期の話に少し触れます。
ある年の夏休み。当時幼稚園児だった私は、家族旅行で初めて海に連

れて行ってもらいました。海の中で動き回ったり、鼻歌を歌いながら砂のお城を作ったりしました。

後に父から聞いたことですが、「息子が初めて目にする海だから、本物の美しい海を見せて感性を養ってあげたい」という父の思いがあったようです。その父が見せてくれた目の前の海は、夕日に照らされて金色に輝き、私はその美しさに魅了されました。

帰宅後、夏休みの宿題で絵を描きました。私はその時に見た、シャンパンゴールドにきらきらと輝く海の絵があまりに印象的で、クロッキー帳に白のクレパスと黄色のクレパスで「海」を描きました。

ところが、先生に「どうして海が金色なの?」「友達はみんな青で描いてるのに西田君だけ金なの?」と言われたのです。友達にも笑われてしまいました。

しかし、当時の私はどう考えても、あまりにも美しかったゴールドの海が印象的で、その感覚をそのままに金色の海を描いたのです。

大人になった今では、「海＝青色」という先入観に脳が支配されてしまうかもしれません。ところが、旅行では、この幼少期のような感性を開放

することができます。人の原点に立ち返るためにサポートしてくれるのが「旅」なのです。

むき出しの自分。裸の自分。いろいろなことを知りたくなる自分。このプリミティブな人間の「感情ファンタジー」の力を、旅を通じていま一度呼び覚ます必要があるのではないでしょうか。

「感情ファンタジー」を広げる旅に出よう

ニューヨークのフレンチレストラン「Per Se（パーセ）」は、私が好きなレストランのひとつです。「全米一予約が取れない」とも言われるナパ・ヴァレーの名店「フレンチランドリー」が運営するお店ですが、店内のガラス越しにはセントラルパークの木々が見え、秋になると紅葉した木々とサンセットのハーモニーで、なんとも幻想的な色に輝きます。
この景色を見るたびに、幼少期に見たあの「シャンパンゴールドの海」を思い出します。

我々が現実と認識している世界は、せいぜい目に見えるもの（事物、データ、身ぶり、言葉）の範囲にとどまります。ある人が今そこに立ってい

るのが見えていても、その人が今感じたり考えたりしていることは、話したり文章にすることがなければ隠されたままです。

しかし、その隠された心の中の感情、すなわち「感情ファンタジー」は、言葉として表現されるよりはるかに大きな広がりを持っています。それだけでなく、私にとっての「シャンパンゴールドの海」がそうであるように、長期的なメモリーとしていつまでも心の中に刻まれ続けるのです。

自らが思い描く「感情ファンタジー」を最大化させることで、先入観のバイアスを外してビッグ・ピクチャーを描くことが可能になります。アメリカ大陸の発見、世界一周、そして宇宙への挑戦──これらの人類の偉業は、すべて人間の好奇心とファンタジーから生まれました。

この人間の内面にある「感情ファンタジー」を広げる上で、旅はきわめて効果的な体験をもたらしてくれます。人生とは過去に経験したことを書き換える試みの連続です。ありふれた日常の生活から離れ、未知の環境に身を置くことは、幼少期に持っていたファンタジーの力を呼び覚ますきっかけになります。五感の回復から、さらに広がりのある、より開かれた世界へと自らをいざなってくれることでしょう!

2-2 マーケティングの視点から捉えた
「五感の回復」

マーケティングの原則は「真の人間理解」

ところで、この「五感の回復」というテーマは、マーケティングの視点からもこれからの消費者心理を観測するためのキーワードとなります。

本書を書いている時点（2021年10月）においては、まだコロナ禍が収束していないことから「巣ごもり消費」という現象にフォーカスしたトレンド予測の傾向が強い印象を受けます。しかし、アフターコロナにおいては、フィジカルな制限が徐々に緩和されていくにつれて、人間本来が持つ「五感」を回復しようという欲求が顕在化していくでしょう。

また、ウイルスとの長期戦を経験したことで、消費者はより「自分らしさ」を志向するようになっています。「世間が支持する価値」を求めるのではなく、「自分にとっての価値は何だろう？」と熟考し、商品やサービスを吟味しようとする傾向が強くなっています。この傾向は、後述する「イミ消費」のトレンドにもつながっています。

こういった「五感の回復」そして「自分らしさ」を希求する傾向が高まる中で、マーケッターとしての視点も、ただ市場の動きや海外の状況を近

視眼的に追いかけるのではなく、マーケティングの原則に立ち返って、より「人間」にフォーカスすることが求められます。

つまり、消費者を「マス」ではなくパーソナルな「個人（n=1）」として捉え、その個人が潜在的に求める本質的なニーズを把握する姿勢が重要となります。表面的でない、本質的な「人間」を理解し向き合うという、マーケティングの原則に立ち返るべきなのです。

デジタルシフトが「五感」の消費体験の価値を高める

個人が「五感の回復」を求める消費者心理が高まる——このトレンド予測のもと、ポイントは商品やサービスを提供する側も、DXによるデジタルシフトだけでなく、五感に訴えるハイタッチな消費体験を提供することではないでしょうか。

そのことについて興味深い示唆を与えてくれるのが、ニッセイ基礎研究所上席研究員の久我尚子氏のレポート「感染不安と消費行動のデジタルシフト」です。久我氏は、オンライン診療やオンラインフィットネスなど、これまでリアル（対面）での対応が前提とされていた領域まで一気にデジタルシフトした状況を認めつつも、その中でリアル店舗がいか

に付加価値を提供できるかがポイントであると指摘しています。

一方で、デジタルシフトによって、消費者にとって失われた価値もある。
それは、五感を使った臨場感のある消費機会だ。例えば、「デパ地下で
美味しそうな香りにひかれて、つい惣菜を買ってしまう」とか、「店員の
勧めてくれた洋服のコーディネートを気に入って衝動買いしてしまう」
といった機会は減っただろう。

デジタルシフトへの対応は必須だが、全てがデジタルに成り代わるわ
けではない。一方で感染不安の続くウィズコロナでは、リアル店舗は、
消費者に対して、どのような付加価値を提供できるのか、店舗の在り方
が一層問われるようになっている。(久我尚子「感染不安と消費行動の
デジタルシフト」／ニッセイ基礎研究所ホームページ)

このレポートにもある「デパ地下で美味しそうな香りにひかれて、つい
惣菜を買ってしまう」「店員の勧めてくれた洋服のコーディネートを気
に入って衝動買いしてしまう」といったハイタッチな消費体験は、人間
が本能的に「楽しい」と感じるものであり、アフターコロナにおいても廃
れていくことはないと思います。むしろ、サービスの主軸がデジタルシフ

トに移行していく中で、こういった五感に訴える消費体験の価値は高まっていくのではないでしょうか。

また、デジタルシフトの中でリアル領域とECなどデジタル領域のすみ分けが進み、リアル店舗の提供価値を再定義する動きも加速していきます。とある大手百貨店も、リアル店舗で商品を見たり試着したりして、購入はECサイトに誘導することで「ショッピング体験＝リアル、購入行為＝デジタル」というすみ分けを行っています。在庫を減らし、売り場面積を縮小する経営戦略の一環でもありますが、このすみ分けによって百貨店を「リアルなショッピング体験を楽しむ場」と再定義しているといえるでしょう。

アフターコロナは「五感を回復する旅」に出よう

さて、本書のテーマである「旅」に照らすと、旅というアクティビティは、五感をフルに解放し、活用できる貴重な体験です。
世の中がどんどんデジタルシフトしていくアフターコロナだからこそ、私は「五感を回復する旅」を強く薦めます。

旅において感性を研ぎ澄ませるということは、思い込みや先入観を排除し、まっさらな気持ちで情報を取り込むことにつながります。

私は、「旅」を「あらゆる体験を自分なりのフィルターにかけ、最適化すること」と位置づけています。
マーケティングの世界では、定量化されたデジタルデータがとかく重視されがちですが、私が大切にしているのはむしろ現地・現場で五感をフル活用して、目から、耳から、口からアナログな情報を得ることです。

初めての国や地域を訪れるとき、最大の敵は「思い込み」です。思い込みが強すぎると、客観的視点で情報を読み取りづらくなります。その人の好き嫌いや価値観、つまり印象で勝手な解釈をすることが多いのです。

その思い込みや先入観の壁を打破するのに、旅は最適な機会を与えてくれます。
東南アジアやアフリカなどの途上国に行くと、見た目や衛生の問題はあります。が、そこをあえて見るもの、聞くもの、食べるものを素直に受け入れることで多くの情報を取り込むことができます。

初めて訪れる街を歩きながら、多くの情報量（＝客観情報）を集められれば集められるほど、その情報をもとに見知らぬ土地でも自分のセンスを活かすことができます。

つまり思い込みを排除し、五感を研ぎ澄ませることは、センスよくクリエイティヴに旅をする第一歩なのです。
そして、コロナ禍で五感が眠ってしまっている今こそが、五感を再び研ぎ澄ませるチャンスなのです。

ビジネスにおいても大切な「五感」

前章で、旅を通じて「マーケティング・アイ」を鍛えることができる、という話をしました。
マーケットの現象をより深く洞察するには、定量的・表面的なデータ分析だけでは十分ではありません。現地現場に赴き、目の前で起こっている現象を観察するためにも、五感をフル活用することが不可欠です。

ビジネスシーンで、初めて会う人に対して「この人とならうまくいきそうだ」「この人に話をしても埒が明きそうにないな」と直感的に思うことは

ないでしょうか。

私たちは意識的に、あるいは無意識のうちに、相手の表情や仕草、空気感などあらゆる現象を観察しながら、相手の心をつかむためのアプローチの仮説を瞬時に設計しています。「鼻が利く」とも表現しますが、まさに五感のアンテナをフル稼働して、データではみえない動きを直観的にキャッチできるビジネスパーソンこそが、確度の高いアプローチの仮説を設計し、相手の心をつかむことができるのです。

そういう直感を私も大切にしてきたので、Zoomをはじめとするリモートでの会議や打合せにはいまだに慣れません。あらかじめ設定されたアジェンダに沿って淡々と進める会議は、効率的という意味ではよいのですが、効率性を重んじるあまり、五感で得られる情報――その場の空気感や人の表情など――が得られにくくなってしまいました。会議の前や合間に行っていた雑談も「ムダ」とされ、やりにくくなりました。

リモートワークの普及によって合理性や効率が重んじられ、多くの「ムダ」が排除されたことは、裏を返すとビジネスの場で五感を鍛え、活用する機会が減ったことを意味します。だからこそ、私は旅を通じてあえてムダなことをしてみること、予定調和でない不確実な状況で五感をフル

活用させることが重要だと考えています。それこそが、前述した「旅力」にもつながるのです。

GPSを手放すことで得られる「セレンディピティ」の出会い

不確実、予測不可能な状況に身を置き、五感をフル活用させる。そのために、私がお薦めしたい実効的なアプローチがあります。「インターネットやGPSには頼らない」ということです。

ガイドブックやスマートフォンを片手に綿密に下調べをして、「外さない」お店をチョイスするリサーチ能力も、それはそれで大事ですが、あえて何も決めず、直観に頼って自分が進む方向を選択すると、否が応でも五感をフル活用させられます。

私は、海外での旅先ではそもそもGPSを使用しません。ハワイ島やサンタモニカの自然の中を、風に吹かれながらワインディングロードを自由にドライブする。五感を開放させながら直感の赴くままに走ることで、思わぬ旅の発見や出会い、すなわち「セレンディピティ」が待っているのです。

異国の街を歩く時も、先の道が明るい方と暗い方に分かれていたら、あえて暗い方の道にトライしてみることもあります。勇気をもって道を進んでみると、そこに小ぢんまりとしているが、妙に気になる店が目にとまる。中に入り、珍しい郷土料理やワインが美味しく、現地の常連客と話が盛り上がったりすると、自分の店を選ぶ感覚に思わずニンマリ。これぞセレンディピティ！

日本の場合はカーナビの精度も高く、目的地まで正確に私たちを誘導してくれます。タイムマネジメントを重視する日本ならではのカーナビの性能には感心しますが、それに頼るだけではやはり旅の魅力は半減します。

那須高原のはずれにある秘湯をめざしていた時、間違った道に迷い込んでしまったことがありました。途中で「間違った！」と気づき、焦りながら道なき道を進んでいると、突如、目の前にきれいに咲き誇る桜並木が現れました。ガイドブックには載っていない、地元の人しか知らない"桜の名所"に出逢えたのです。このような思わぬサプライズが待っているのも「GPSに頼らない旅」の醍醐味です。

アフターコロナは不確実性の高い「VUCA」の時代。解くべき「問い」が

与えられない時代。だからこそ、ガイドブックやデバイスを手放し、五感がキャッチした情報のみを頼りに、風任せの「行き当たりばったり」を楽しむ。五感を回復させる意味でも、旅はこれ以上ないトレーニングになるのです。

第3章 日本人こそ「旅力」を鍛えよう
3-1 旅が「下手」な日本人

日本の有休取得率は世界でも最低？

ここまで、アフターコロナ時代になぜ「旅」が求められるのか、について、第1章ではこれからのビジネスパーソンに求められる新たな価値を身につける「自己成長」の視点、第2章ではコロナ禍で失われつつある「五感」を回復させる視点で、それぞれ述べてきました。

とはいえ、読者の中にはこのように考える方もいるのではないでしょうか。

「でも、旅をしたくても、なかなかまとまった休みが取れなくて……」
「旅先でも、つい仕事のことが気になっちゃうんだよね……」

ヨーロッパやアメリカの友人と接する中でいつも感じることですが、日本人ほど「旅が下手」な人種はいないと言っていいでしょう。

「旅が下手」な前提として、ここであらためて言うまでもありませんが、日本人はまず、概して「休むのが下手」です。
世界の大手総合旅行ブランドのひとつであるエクスペディアが毎年実

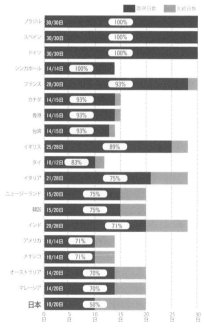

図表3-1　世界各国の有給休暇取得状況

	取得日数	支給日数

ブラジル　30/30日　100%
スペイン　30/30日　100%
ドイツ　30/30日　100%
シンガポール　14/14日　100%
フランス　28/30日　93%
カナダ　14/15日　93%
香港　14/15日　93%
台湾　14/15日　93%
イギリス　25/28日　89%
タイ　10/12日　83%
イタリア　21/28日　75%
ニュージーランド　15/20日　75%
韓国　15/20日　75%
インド　20/28日　71%
アメリカ　10/14日　71%
メキシコ　10/14日　71%
オーストラリア　14/20日　70%
マレーシア　14/20日　70%
日本　10/20日　50%

0日　5日　10日　15日　20日　25日　30日

〔出所〕エクスペディア「有給休暇の国際比較調査」

図表3-2 休暇の取り方として「短い休暇を複数回」と回答した人の割合

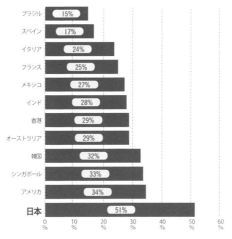

ブラジル	15%
スペイン	17%
イタリア	24%
フランス	25%
メキシコ	27%
インド	28%
香港	29%
オーストラリア	29%
韓国	32%
シンガポール	33%
アメリカ	34%
日本	51%

(出典) エクスペディア「有給休暇の国際比較調査」

施している「有給休暇の国際比較調査」では、世界と比較して日本の有給休暇の取得日数及び取得率の低さを示しています。コロナ前の2019年の時点で、平均の有給休暇の取得率は50パーセントと最低水準にとどまっています。

さらに特徴的なのは、日本の休暇のとり方です。世界19ヵ国の国際比較で、日本人は世界で最も「複数回の短い休暇」を取得する人の割合が高くなっています（51パーセント）。特にヨーロッパの人々が2、3週間のバカンスを取るのとは対照的に、日本人は長期休暇よりも、短い休暇を頻繁に取得する傾向にあるのです。おそらく「長く休みを取ると仕事に支障をきたす」「会社に申し訳ない」という心理が働くのでしょう。ここに、日本人の「休むのが下手」な側面が表れているように思います。

世界一強いパスポートを持っているのに旅行をしない日本人

しかし、「休むのが下手」という側面だけでは、実は日本人の「旅行下手」を説明するのに十分ではありません。

2021年1月、イギリスのコンサルティング会社「ヘンリー＆パートナーズ」が興味深い調査結果を発表しました。世界のパスポートランキングで、日本のパスポートが"世界最強"となったのです。

これは、ビザなしで外国人渡航が可能な国の数を『パスポートの強さ』と表現し、同社が定期的に調査しているものです。その調査結果による

と、日本はビザなしで入国できる国が191ヵ国におよび、世界でトップなのです。2位はシンガポール（190ヵ国）、3位は韓国・ドイツ（189ヵ国）、世界経済ナンバーワンの米国はかつて世界の産業のトップであった英国と並んで7位（185ヵ国）です。

反対に、下位のランキングを見ると、アフガニスタン、イラク、シリア、パキスタンなど紛争リスクや政治不安を抱える国が並びます。この「パスポートの強さ」が、その国に対する信頼の高さを表すことがよりイメージできるでしょう。

日本が「世界一パスポートが強い」ということはとても誇らしいことです。これは、日本に対する世界の信頼度の高さの表れでしょう。「各国が敷居を低くして、温かく迎え入れてくれる」と言い換えることもできます。

しかし、日本人のパスポート保有率は23.7パーセント（外務省「2019年旅行統計」）。わずか4人に1人です。対して、英語圏のアメリカは42パーセント、カナダは66パーセント、イギリス（イングランド、ウェールズ）は76パーセント。日本人の保有率がいかに低いかということがわかります。

図表3-3　世界のパスポートの強さ（ビザなしで渡航可能な国数）ランキング

ベスト10			
渡航可能な国数	191		日本
渡航可能な国数	190		シンガポール
渡航可能な国数	189		韓国、ドイツ
渡航可能な国数	188		イタリア、フィンランド、スペイン、ルクセンブルク
渡航可能な国数	187		デンマーク、オーストリア
渡航可能な国数	186		スウェーデン、フランス、ポルトガル、オランダ、アイルランド
渡航可能な国数	185		ベルギー、ニュージーランド、スイス、イギリス、アメリカ、ノルウェー
渡航可能な国数	184		オーストラリア、ギリシャ、マルタ、チェコ
渡航可能な国数	183		カナダ
渡航可能な国数	182		ハンガリー

ワースト10			
渡航可能な国数	26		アフガニスタン
渡航可能な国数	28		イラク
渡航可能な国数	29		シリア
渡航可能な国数	32		パキスタン
渡航可能な国数	33		イエメン、ソマリア
渡航可能な国数	37		パレスチナ
渡航可能な国数	38		ネパール、リビア
渡航可能な国数	39		北朝鮮
渡航可能な国数	40		スーダン、レバノン、コソボ
渡航可能な国数	41		イラン、バングラデシュ

【最新版】日本のパスポートは世界ランキング1位！2021年海外渡航状況（HISTAホームページ）を基に著者作成）

パスポートが世界一強いのに、4分の3の日本人がパスポートを持っていない――この事実は、最も海外に出やすい環境が整っているにも関わらず生かせていないこと、また、そのことに多くの日本人が危機感を抱いていないことを示唆しています。

江戸時代には、世界と切り離された「鎖国」の環境が長く続いた日本。この「鎖国」のマインドが、いまだに能動的に外国に向けて行動を起こそうとしない日本人の中に残っているのかもしれません。

日本人の旅行スタイルは「時間消費型」

日本人の受動的な気質は、日本人の典型的な旅行スタイルにも表れています。

日本人の旅行スタイルは、一般的には「何日休みが取れるか」が起点になります。次に、投じることのできる「予算」があってはじめて「どこに行くか」を決める、という順番です。

忙しく、休みの取れない日本人向けに大きく発展したのはパックツアーです。旅行代理店が「4泊6日で巡るパリ！」などの旅行商品を企画し、

大人数のツアー客がひとつの旅行プランのもとに画一的に移動する旅行スタイルです。

シャルルドゴール空港に到着し、ホテルのチェックインを済ませたら、トロカデロ庭園に行ってエッフェル塔見学。続いてセーヌ川遊覧クルーズを体験し、夜はフランス料理を堪能。2日目はサント・シャペル、サクレ・クール寺院などパリの寺院を巡り、途中でガレットランチに舌鼓。3日目はルーブル美術館、オペラ座と周ったら、コンコルド広場からシャンゼリゼ通りに向かい、夕方には凱旋門へ……。決められた時間の中で、とにかく観光名所をくまなく効率的に周れるよう、綿密に設計されています。

このようなパックツアーやバスツアーには日本人の勤勉さ、タイムマネジメントの緻密さが表れています。もちろん、それがポジティブに評価される側面はあるでしょう。一方で、あわただしくスケジュールをこなしていく「時間消費型トラベル」旅行スタイルでは、旅が本来持つ素晴らしい体験やポテンシャルを引き出せないままに帰宅することになってしまいます。
アフターコロナにおける旅は、このような従来の「時間消費型トラベル」

から脱却し、旅のスタイルを抜本的にトランスフォームしましょう!読者の皆さんにとって、本書が各々のスタイルに合った旅の形を見つけるきっかけになることを望んでいます。

3-2 グローバル時代、
旅で世界を体感しよう

「日本の常識」≠「世界の常識」

グローバル化はこれからも否応なく、加速度的に進んでいきます。これからの時代を生き抜くためには、グローバルな思考と行動が不可欠なことは、ここであらためて言うまでもないでしょう。

国内のルールや常識は世界の基準ではありません。むしろガラパゴス化した日本特有のルールはかなり特殊で特別な部類に属します。国境を越えて自国を出るということは、世界のルールを知るということの第一歩なのです。

グローバルな思考を身につけることは、難しいことではありません。英語をはじめとする語学力も、あるに越したことはありませんが、必須ではありません。あなた自身がそれを身につけようと決心し、閉じた世界から飛び出す行動を起こせばよいのです。

そして、その外に飛び出すチャンスが「旅」です。
いろいろな文化や芸術、暮らしに飛び込み、その目で世界を確かめてみてください。その一歩を踏み出すだけで世界は確実に変わっていきま

す。そして自国への理解と外国人へ自国を説明する能力、他国の本質を見抜く考察力が備わるのです。

政局やメディアの情報に振り回されずに価値あるものを見分ける能力も、異国の旅を通じて磨かれます。日本の常識が通用しない環境での生活や文化、学び、交流を通して、また地域の自然や環境、根付く文化や風習などに実際に触れて五感で体得することで、外見や先入観にとらわれない真の価値を発見することができるのです。

野生のゾウに合わせて移動するキャンプ

休日や予算という資源に制約されるのは仕方のないことですが、「どこに行こう」を起点に旅のプランを考えるのではなく、「旅を通じて何を得よう」「旅を通じてどういう体験をしよう」という本来の目的から出発して考えてみてはいかがでしょうか。旅は本来、もっと自由で、創造性豊かなものです。

これまでの受動的な旅の消費から一歩脱却して、自らの目的を明確にする。その目的から逆算して旅のプランを設計してみる。旅先では五感

をフル活用して、感性を研ぎ澄ませて情報を収集する。これらのことを意識してみることで、旅の体験が大きく変わっていき、旅の体験を、自分自身を大きく成長させる機会にすることができます。

その一例として、アフリカ大陸専門の旅行会社「ジャーニーズ・バイ・デザイン」が提供する「ラグジュアリーモバイルキャンプ」をご紹介します。このキャンプツアーは、アフリカの野生動物の大移動に合わせて年に数回、キャンプの設置場所を移動（モバイル）する旅行プランです。

ジャングルのゾウの生態を間近で、ライブで見ることができるという貴重なサファリ体験が得られるとあって、とりわけヨーロッパの富裕層に人気のツアーとなっています。ツアーガイドの他にシェフや執事も同行し、キャンパーと一緒に移動します。テント設営から食事の準備などのすべては手配済みで、安全面も保障されています。

このキャンプに参加するために、彼らは2年前くらいから計画を立て「再来年の8月は3週間休もう」と決めておきます。3週間休んでアフリカに行って、ゾウが右に行けば、右に移動する。左に行けば、左に移動する。ただただ、自然のゾウと一緒に暮らすだけの旅を楽しむのです。

このキャンプは極端な例かもしれませんが、パックツアーやバスツアーに慣れ親しんだ私たち日本人に、旅が本来持つ可能性と、私たちに与えてくれる刺激の大きさを再確認させてくれます。自然のゾウの生態に触れることができる非日常な体験は、日ごろの常識や先入観が壊れるような刺激を与えてくれるのです。

かわいい子には旅をさせよ

「かわいい子には旅をさせよ」——誰もが知っている、日本のことわざです。

我が子がかわいいなら、いつまでも親元に置いて甘やかすことをせず、世の中の辛さや苦しみを経験させたほうがよい——昔は現代のように交通機関が発達しておらず、旅は辛く厳しいものであったことから、このようなことわざが生まれました。
自分の家を出て、なじみのない土地で暮らすことには多くの困難が伴いますが、慣れ親しんだ環境を離れ、辛く苦しい体験をしてこそ、人は成長するものです。

同じようなことが、14世紀、室町時代の軍記物語『太平記・十六』に「獅子の子落とし」として記されています。

「獅子は子を産んで三日を経る時、万じんの石壁より母これを投ぐるに、その獅子の機分あれば、教えざる中より身を翻して、死することを得ずといへり」

獅子、つまり百獣の王・ライオンが、実際に子を深い谷に落とすかというと、実はそうではありません。母親は非常に子煩悩で、父親は見た目によらず意気地がありません。

かわいい我が子にあえて辛い試練を与えることができるのは、深い知恵や道理を持つ人間だけです。我が子に苦しい思いをさせて力量を試し、這い上がってきた者だけを立派に育てるという常に成長し続けている人間だからこそ成し得ることなのです。

成人になったビジネスパーソンにとっては、自分を谷底に落とす人はいません。若いうちは、上司がそのような「我が子に試練を与える」存在になってくれるかもしれません。しかし、多くのビジネスパーソンにとっ

ては、自分自身に対して「旅を通じた試練」を与えられるかどうかが問われるのです。そのようなマインドこそが、最大の「旅力」かもしれません。

✈ 世界の富裕層は今、こんな旅をしている

073 - 107 →

世界の富裕層にみる、これからの「旅」のトレンド

第1部で、アフターコロナにおいては、「旅」が自分自身を成長させる、そして自粛生活で閉じてしまった五感を回復する絶好の機会になることをお話ししてきました。そして、その旅の持つ体験価値を最大化するための「旅力」についてお話ししました。

そのような旅の体験価値を理解し、ライフスタイルの中に旅を効果的に取り込む——つまり「旅力」によって人生を豊かにしている達人として、私たちが見習うべき存在がいます。

それは、世界の「富裕層」です。

富裕層が大切にする思想や価値観、ライフスタイル、センス……これらを観察することで、これからの旅のトレンド、そして「旅力」を高めるヒントがみえてくるのです。

第4章 世界の富裕層にみる、これからの「旅」のトレンド

4-1 富裕層とともに変遷していった旅の歴史

「旅力」を高めるには富裕層に学ぼう

経済的・社会的な成功を収めた富裕層。彼らは、その生き方や価値観において、私たちに多くの示唆を与えてくれるロールモデル的存在です。

そして、彼ら富裕層はいつの時代も旅の達人です。彼らは理想のライフスタイルを体現するために、意識的に旅に出て、日ごろの疲れを癒し、非日常の体験から得られた刺激やヒントをビジネスや社会活動に還元しています。

富裕層にとって、旅は自己投資であり、エネルギーチャージの機会です。ビジネスのアイデアを創出するため、思索にふけるための大事な時間でもあります。

かつて、富裕層にとって旅とは、自らの富を顕示し、ラグジュアリーを競う象徴でもありました。しかし、彼らにとってのラグジュアリーは、歴史や時代背景とともに変遷しています。このラグジュアリートレンドの変遷は今後の旅のトレンドを展望する上でも重要なポイントなので、後で詳しく説明します。

世界の富裕層が、築いた富をどのように旅に投資し、自己成長を実現しているか。そして、彼らが旅を通じて顕示するラグジュアリーとは何なのか。その動向をウォッチすることで、私たちがどのように旅をすべきか、大きな示唆が得られるのです。

旅を通じて教養を磨いてきた富裕層

歴史をさかのぼり、ヨーロッパの富裕層の起源をみてみると、富裕層にとっての旅がどんな意味を持っていたかがよくわかります。

そもそも、古代から中世にかけての旅というものは、今日のように余暇を楽しんだり、リラックスする手段ではなく、苦難をもたらすものを意味していました。

トラベル（travel）という言葉の語源は、ラテン語のトリパリウム（trepalium）に由来しています。これは直訳すると「3本の杭」を表しますが、実は囚人の拷問具のことなのです。
その拷問具の意味から転じて、トリパリウムは「苦難」を表す代名詞へと変化しました。これが「仕事」や「苦労」を表すフランス語の「travail」とな

り、「travel」へと発展したとされています。

山田理絵著『グローバルエリートが目指すハイエンドトラベル』(講談社)によると、ヨーロッパの富裕層にとっての「旅」とは、「もともとヒトが水や食べ物を調達し定住することのできる安全な土地を求める手段」であり、「そのプロセスにおいて自らと向き合い『困難』や『苦労』に遭遇する経験が後に必ずや良き学びとして視野を大きくし叡智を授けてくれる貴重な体験」に転じていったそうです。

とりわけ、日本と同様に島国であるイギリスのエリート層は、若いうちからヨーロッパ大陸に渡り、各国の著名人との交流を通じて社交術の習得に努めていたそうです。その象徴が、16世紀から始まったとされる、パブリックスクールや大学卒業後の子弟に家庭教師をつけ、大規模なヨーロッパ大陸旅行をさせる「グランドツアー」です。ヨーロッパの主要都市に長期滞在しながら、言語を習得したり、芸術やオペラを鑑賞したり、ルネッサンスの建築遺産に触れたり――若いうちに、旅を通してさまざまな教養を身につけることが、上流社会の一員になるための通過儀礼だったようです。

こういった旅を通じて教養を磨いていく中世ヨーロッパのエリート教育には、第1部「かわいい子には旅をさせよ」でもご紹介した太平記の一節にも通じるものがあります。

ルイ・ヴィトンの鞄に込められた意味

興味深いのは、そのように教養を身につける意味を持っていた富裕層の旅の習慣が、その表面だけ「お金持ちのライフスタイル」として記号化・ファッション化され、大衆に伝播される歴史があることです。

その一例として、今日、「グランピング」が流行しています。「グラマラス（魅力的な）」と「キャンピング」を組み合わせた造語で、テントやキャンプ道具などを用意しなくても気軽にキャンプ体験を楽しむことができ、ホテル並みのリッチなサービスも受けられる、近年注目されている新しいアウトドアレジャーです。

そのグランピングの起源は、実は先述したイギリスの「グランドツアー」にあります。イギリスをはじめとするヨーロッパの貴族たちは、休暇でアフリカに狩りに行く際に、自国の家具をテントの中に持ち込んでいたそ

うです。

その後、18世紀後半から19世紀前半にかけてイギリスを中心に起こった産業革命によって、世の中に「余暇」という概念が生まれました。そして、工業化により人々の収入が増加し生活が豊かになると、19世紀初頭に台頭したニューリッチ層は、余暇を過ごすためにこぞって郊外へ出かけていきました。

そして19世紀中頃、ある一人の鞄職人が、パリのカプシーヌ通りにアトリエを構え、トランクを販売します。その鞄職人こそが「ルイ・ヴィトン」です。

ルイは、移動の手段が馬車しかない時代から、交通機関が発達し鉄道や車、船へと移行する変化に着目し、トランクを販売しました。使いやすさをとことんまで考え抜いたルイの"平らなトランク"を、セレブたちはこぞって買い求め、彼は大きな成功を収めます。

こうしてヨーロッパでは、大旅行時代が幕を開けました。セレブたちは「ルイ・ヴィトンのトランク」に荷物を積み込み、都市を離れて郊外や大自然へと出かけるようになりました。船に乗り、植民地だったアジア、アフリカ諸国へ出かけ、自然を満喫することが、当時の富裕層にとっての

ラグジュアリーなライフスタイルだったのです。

やがて、ヨーロッパでは近代キャンプが誕生し、イギリス、フランスを中心にレジャーの宿泊手段としてキャンプ文化が発展していきました。これが、今日のグランピングの起源とされています。

このようにグランピングの起源をたどってみると、上位階層におけるトレンドが下位階層へと伝播するという法則が読み取れます。この法則は普遍的なものであり、富裕層の文化を知ることで次の時代が見えてくるのです。

4-2 なぜ富裕層に着目するのか

「お金で買えないもの」にお金をかける

時代は移り変わって、今日においても富裕層は、富と余暇を自由に使いながら、旅を通じてライフスタイルを豊かにする達人です。

クレディ・スイスが毎年発行するレポート「グローバル・ウェルス・レポート 2020」によると、資産総額が5000億米ドルを超える「超富裕層」の各国ランキングは図表4-1のとおりです。アメリカがダントツの1位で、次いで中国が多く、ドイツ、イギリスと続きます。近年では新興国の中国やインドもランキング上位に台頭していますが、やはり欧米の各国がランキングの上位を占めています。

超富裕層と聞くと、金に糸目をつけない豪奢なイメージが浮かびますが、前述したように古くからの貴族の伝統を汲むヨーロッパの富裕層の普段の生活スタイルは意外なほどシンプルです。が、そのぶんメリハリのあるお金の使い方をします。他では得られないレアな体験や、関心の高いことに対しては、節税対策も兼ねて投資を惜しみません。そして、情報や人脈、健康、安全、楽しい時間など、「お金で買えないもの」を重視します。

図表4-1 「富裕層が多い国」ランキング

富裕層（資産総額100万ドル超）

1位	アメリカ	1861万4000人
2位	中国	444万7000人
3位	日本	302万5000人
4位	イギリス	246万人
5位	ドイツ	218万7000人
6位	フランス	207万1000人
7位	イタリア	149万6000人
8位	カナダ	132万2000人
9位	オーストラリア	118万人
10位	スペイン	97万9000人

超富裕層（資産総額5000万ドル超）

1位	アメリカ	8万510人
2位	中国	1万8130人
3位	ドイツ	6800人
4位	イギリス	4640人
5位	インド	4460人
6位	フランス	3700人
7位	カナダ	3530人
8位	日本	3350人
9位	ロシア	3120人
10位	香港特別行政区	3100人

（出典）クレディ・スイス「The Global wealth report 2020」

また、彼らヨーロッパの富裕層は総じて高い教養を身につけており、異国の文化や歴史にも高い関心を持っています。

これからの旅を展望する上でも、19世紀の王侯貴族のカルチャーを継承するヨーロッパの富裕層が、私たちに旅の新しいスタイルを示唆してくれます。

ヨーロッパの富裕層のDNA「ノブレス・オブリージュ」

欧米、とりわけヨーロッパの富裕層には、彼らが歴史的に育んできた「ノブレス・オブリージュ（Noblesse oblige）」という思想があります。このノブレス・オブリージュは、彼ら富裕層のカルチャーを知る手掛かりのひとつになります。

ノブレス・オブリージュは、ノブレス（Noblesse：貴族）、オブリージュ（oblige：義務を負わせる）を組み合わせた言葉で、「高貴な者、身分の高い者は、その身分に応じて果たさねばならない社会的責任と義務がある」という意味です。法的義務や責任ではありませんが、自己の利益を優先することのないような行動を促す、欧米人にとっての基本的な道

徳観、社会規範となっています。

ヨーロッパの富裕層には、このノブレス・オブリージュの思想がDNA的に備わっており、一様に環境やボランティア、社会貢献への関心が高く、実際に時間と体を使って社会貢献活動を実践している人が数多くいます。

たとえば、アメリカの投資家で個人資産が1千億ドルを超えるといわれるウォーレン・バフェットは、世界で最も多額の寄付をする慈善家の一人として知られています。2006年6月には自身の純資産の99パーセント超を占めるバークシャーの持ち株47万4998株をすべて寄付すると発表。これまでに24万株弱、個人資産にほぼ相当する約1千億ドルもの資産の寄付を達成しています（2021年6月現在）。

このように、経済的・社会的な成功を収めた末に寄付や慈善行動などに行き着くというのが特に欧米の富裕層に共通する傾向としてみられます。自己だけではなく他人のために行動する利他的な思想を、社会的地位を築いた富裕層は共通して持っているのです。

ムダなことに時間とお金をかけず、学びと健康に自己投資

ノブレス・オブリージュを行動規範に持つ富裕層は、忙しい合間をぬって社会問題などについて学び、考える時間、また、心身をメンテナンスする時間を意識的に確保しています。

フォーブス誌が発表した2021年版の世界長者番付で4年連続1位となった、アマゾン創業者のジェフ・ベゾスは、日々質の高い意思決定を行うため一日8時間の睡眠を習慣化しています。
マイクロソフト創業者のビル・ゲイツは、年に1週間は日々の業務から完全に離れ、経営に影響を与える重要なテーマについて思索する「シンク・ウィーク」を習慣としていました。

このように世界の富裕層は、時間と資産を有効に活用して自身の知識や能力を高めるための時間を設け、健康を維持するための習慣を持っています。マインドフルネスにも非常に高い関心を持っています。

反面、時間やお金をかけなくてよいと判断したものに対しては、彼らのスタイルはとことんミニマルです。Facebook CEOのマーク・ザッカー

バーグは、「仕事以外の決断の数を減らす」という理由から毎日同じグレーのTシャツを着ることでも知られています。

アパレルブランドZARAの創業者であるアマンシオ・オルテガも、世界長者番付に名を連ねる大富豪でありながら、その生活は実に質素。服装は白シャツにグレーのパンツ、ブルーのブレザー。スペインのラ・コルーニャという小さな港町で暮らし、2011年7月に引退するまで毎日、会社のカフェテリアで従業員と一緒にランチをとる習慣を続けていました。

とりわけ、時間という資源はお金持ちにもそうでない人にも等しく与えられています。彼らはその時間という資源の希少性を理解し、本当に必要なことに時間を割いています。そして、自らを高めることに対する時間を必ず確保しているのです。

富裕層の消費を牽引する「アフルエンサー」

さて、時代のトレンドを占うマーケティングの視点からも、彼ら富裕層の動向をウォッチすることは非常に重要です。ライフスタイルを充実させることに富と時間を惜しまない彼らは、最新の消費トレンドを生み出す

「アーリーアダプター」でもあるからです。

消費力という点で、最近注目されている新しい富裕層が「アフルエンサー」と呼ばれる人たちです。
アフルエンサーとは、端的にいうと「富裕層におけるインフルエンサー」です。より正確には「どのカテゴリにおいても存在し、独自のネットワークと圧倒的な影響力を持つ、より有力で濃密な富裕層グループ」と定義されます（名付け親は、世界第3位のグローバル・マーケティング・リサーチ会社の「Ipsos Affluent Intelligence Group」のトップであるMichael Baer氏とされています）。

アフルエンサーの特徴は、その購買力にあります。一般的な富裕層の消費額は非富裕層の2.6倍ありますが、アフルエンサーとされる人々の消費額は、富裕層のさらに1.4倍、非富裕層の3.6倍多く支出することが明らかになっています。
また、Ipsos Connect社の調査によると、アフルエンサーの35パーセントは、新たな技術や革新的なプロダクトの初期市場での購入者、すなわちアーリーアダプターであることが示されています。まさに、これからのトレンドを生み出す層がアフルエンサーなのです。

世の中のトレンドに圧倒的な影響力を持つアフルエンサーの頂点は「ウルトラ・アフルエンサー」と呼ばれています。マーケティング業界では5つ以上のカテゴリにおいて圧倒的な影響力を持つ人物がウルトラ・アフルエンサーとされます。一般的な富裕層よりもさらに高額な所得を有しているだけでなく、SNSのヘビーユーザーでもあるのが彼らの特徴です。デジタルコンテンツやメディアも購読し、発信力だけでなく情報収集能力にも長けています。

最近では、ユーチューバーやeスポーツプレイヤーなどのジャンルで、海外の若年層で高収入を得ている子どもたちがいます。米国ではフォロワー数1000万人以上を保有する7歳の男の子は、なんと年収12億円！ある意味、彼はアフルエンサー的な存在であるとともに、トレンダーでもあるのです。そして富裕層が認めたブランドにマスメディアも惹きつけられ、最終的には全世界が憧れる、というトライアングルの法則が成り立ちます。

このようなアフルエンサー、さらに上層のウルトラ・アフルエンサーは、世界人口からすればごく一握りにすぎません。しかし、彼らがさまざまな分野においてマス層に多大な影響を与えるとともに、新たな時代の

カルチャーを創造し続けているのです。

富裕層が注目する意外な投資先とは？

富裕層の、お金を「使う」側面だけでなく、「守る」側面——つまり、投資や資産防衛の動向をウォッチすることも、将来のトレンドをつかむポイントのひとつです。
ここでは、投資対象として近年注目されている、ちょっとユニークな投資先をご紹介します。

一つ目は「ワイン」です。
あらためて言うまでもなく、欧米ではワイン文化が重要な教養のひとつとして深く浸透しています。究極の嗜好品であり、世界中に品種と産地の広がりを持つワインのたしなみ方には、その人のセンスや価値観が表れます。
そのワインは、欧米では2000年代頃から投資対象として認識されるようになり、金融や証券会社も投資商品としてワインを取り扱い始め、「株式投資より堅実な投資先」として注目を集めるようになりました。

2008年には、香港がワインにかかる関税を40パーセントから0パーセントに引き下げたことがトリガーとなり、世界のオークションハウスがこぞって香港に拠点を拡大。香港は一躍、アジアにおけるワイン流通のハブとなりました。こうして、欧州の長い歴史や文化の象徴でもあったワインが、今やアジアの富裕層も熱視線を送る「投資」の対象となり、今日に至ります。

二つ目は「アンティークジュエリー」です。
地球資源の保護の観点から、近年、ルビーをはじめとする宝石の評価が高まっています。その流れを受け、資産防衛も兼ねてアンティークジュエリーを買い求め、世界中の美術館に貸し出す富裕層が増えています。

このように、ワインやアンティークジュエリーなど、富裕層の投資や資産防衛の動きをウォッチすることも、未来のトレンドをつかむ重要な視点となります。

4-3 富裕層にみる消費トレンドの変化

モノ消費からコト消費、そしてイミ消費へ

いつの時代も消費を牽引し続けてきた、世界の富裕層。彼らの動向を
ウォッチすることで、消費トレンドの変遷を知ることができるというお話
を、ここまでしてきました。
その消費トレンドの変遷を、順を追って、より体系立ててみていきましょ
う。

まず、大きな消費トレンドを俯瞰するキーワードとして「モノ消費・コト
消費・イミ消費」があります。

1970年代から80年代のバブル期にかけての消費トレンドは「モノ消
費」と称されます。好景気に向かう中で、高級車や高級ブランド品を所
有することが人々のラグジュアリーの象徴とされていました。

モノを所有すること自体に価値を見出していた「モノ消費」から、バブル
崩壊後の1990年代後半から2000年代にかけては、アクティビティやイ
ベント、人との出会いなどの「コト」へと消費トレンドの軸足が移ってい
きます。これが「コト消費」です。物質的な豊かさが飽和状態に達し、

人々はブランドや価格などの客観的価値から、感性や生き方といった主観的な価値を追求するようになります。

そして時は流れ、2010年代以降の新たなトレンドを表すキーワードが「イミ消費」です。

イミ消費の名付け親とされるホットペッパーグルメ外食総研のエヴァンジェリスト、竹田クニ氏によると、イミ消費とは「商品・サービスそのものが持っている機能や効能だけではなく、その商品が付帯的に持っている社会的・文化的な『価値』に共感し、選択する消費行動」と定義されます。

いわば、「モノ」にしても「コト」にしても、それらが持つ機能面や効能面ではなく、「付帯的に持っている社会的・文化的な『価値』」に着目・共感する、というのがイミ消費のポイントです。すなわち、「社会的・文化的に意味のあるモノ（コト）」を求めているのが、今日の消費者心理なのです。

「ソーシャル・グッド」を志向するミレニアル世代

2015年の国連サミットで採択された「SDGs」(Sustainable Development Goals:持続可能な開発目標)は、この「イミ消費」時代を象徴するトレンドワードといえるでしょう。

環境負荷が少なく資源を浪費しないプロダクトや、社会的マイノリティを支援する活動など、社会的・文化的に意義のあるモノ（コト）がマーケットにおいても大きな支持を集め、SNSでも「いいね！」とともに拡散されます。

2000年代以降に生まれた「ミレニアル世代」は子どもの頃に東日本大震災が起こったこともあり、とりわけSDGsやソーシャル・グッドへの感度が高い傾向があります。
前述したアフルエンサーに代表されるように、そのミレニアル世代からも、新たなラグジュアリー層が台頭しています。そして、彼らは社会によいこと、環境によいことを消費において選択することがラグジュアリーととらえています。

ソーシャル・グッドを志向するミレニアル世代のトレンドは、ヨーロッパの富裕層が伝統的に継承している価値観である「ノブレス・オブリージュ」にも通じるものがあります。SDGsという言葉が登場するはるか以前から、欧米の富裕層は私財を投じて慈善活動に取り組んできました。その伝統的な「ノブレス・オブリージュ」の文化が、現代におけるミレニアル世代のニューラグジュアリー層へと、SDGsのキーワードとともに受け継がれているのは、興味深い傾向といえます。

内面に変化を起こす「変容の旅（Transformative Travel）」

SDGs、ソーシャル・グッドを求めるトレンドの表れとして、最近のニューラグジュアリー層は、外形的な豊かさから、より内面の豊かさ——自己変容、ウェルネス、マインドフルネス——を求める傾向にあります。

旅という文脈でいうと、富裕層の間では「変容の旅」がキーワードのひとつになっています。

単なる旅の経験を越えて、人生観や価値観を変えるなど、人生において有意義な変化をもたらすような旅の経験。それを「変容の旅」と彼らは

呼んでいます。通常の体験的な旅からさらに一歩進んで、新しい視点を得られる。コンフォートゾーンの境界が押し広げられる。異文化に対する理解が生まれる——このような自己変容を起こすために、彼らは旅を採り入れているのです。

第1部でご紹介した、マズローの欲求階層説の枠組みを応用した「トラベル・キャリア・ラダー」にあてはめると、自尊心欲求を満たす「自己発展」のフェーズから、その上位の「自己実現」のフェーズが「変容の旅」に当たるといえるでしょう。

とりわけアフターコロナの文脈においては、世の中の価値基準や、ひいては人間にとっての幸せの基準すら大きく変化しています。そのような時代の変化の中で、人々の自己実現や自己変容への意識のシフトも世界中で進むものとみられます。その中で、旅を通して自分の内面を変容する旅への関心も、富裕層から一般層へと普及していくことが予想されます。
究極的に言えば、「変容の旅」は、旅行者自身を本当の自分や他人と結びつけ、目的意識や帰属意識を育む新しい旅行哲学です。

「ラグジュアリー」も時代とともにアップデート

富裕層の消費行動は、ラグジュアリーの象徴でもあります。その「ラグジュアリー（Luxury）」という言葉も、時代とともにその意味をアップデートし続けています。

日本政府観光局（JNTO）が2020年10月に公表したレポート「富裕旅行市場に向けた取組について」によると、富裕旅行者の消費性向には、「オールラグジュアリー（All Luxury）」と「セレクティブラグジュアリー（Selective Luxury）」の2タイプが存在します。前者は消費に関するすべての事項で高額な消費をいとわない人たち。対して、後者は優先度の高い事項に対して重点的投資をする人たちです。

一言で富裕層と言っても、国や地域によって傾向は異なるようです。
たとえば、アラブ人はクラシックの「オールラグジュアリー」が多数を占めますが、欧米のMBAホルダーなどのエグゼクティブ層は「セレクティブラグジュアリー」を好む傾向にあります。お寺を貸し切って禅の精神を学ぶ宿坊体験など、本物を体験することにはお金を惜しみませんが、一方で誰でも体験できるものに対しては、非常にシビアな金銭感覚を

図表4-2　富裕旅行者の消費性向

オールラグジュアリー

旅行のすべての費目で高額消費を行う

例）

飛行機はビジネスクラス以上、ホテルは５つ星のラグジュアリーホテル、
プライベートガイドをつける

1. 馴染みのトラベルエージェントに旅行先を伝え、提案を受け、手配まで依頼する。
2. 自ら手配したグローバルチェーンのホテルに滞在し、スパ、ショッピングを行う。
3. 富裕層に向けパッケージ商品を利用する（ビジネスクラス以上利用）
4. R&R旅行（休息とリラクゼーションを求める旅行）が中心。

セレクティブラグジュアリー

優先度の高い事項に重点的投資をする

例）

最高級ホテルには宿泊しないが、プライベートガイド等のサービスを利用。
エコノミークラスだが、５つ星ホテルに必ず宿泊。
自分にとっての意義、求める価値が満たされることが贅沢として定義されている。

1. 自ら情報収集を行う。トラベルエージェントを通じた手配を行う場合は、詳細な旅行先まで指定。
2. 日本の田舎、地方に行ったりものづくり体験等を好み、最低限のものしか提供されていない場所に
   宿泊することもある（その後ラグジュアリーホテルに戻る）
3. ミレニアルズを中心とした若年層、アーリーリタイヤ世代等の体験型旅行、周遊旅行が中心。

（出典）「富裕旅行市場に向けた取組みについて」（日本政府観光局（JTNO）／2020年10月）

持っています。

最先端「ラグカジュ」でラグジュアリーを気軽に楽しむ

ラグジュアリーの意味がアップデートされているという点で、もうひとつ興味深いトレンドがあります。ぜいたく・豪華な「ラグジュアリー」と、リラックスで気軽な「カジュアル」。この一見対極にある両者が今、融合して、ファッションシーンに革命を起こしています。それが「ラグジュアリーカジュアル」、略して「ラグカジュ」です。

「ラグカジュ」がファッションシーンを席巻する背景には、スティーブ・ジョブズやマーク・ザッカーバーグに代表されるように、ビジネスパーソンの中で公式な場でもスーツを着用しないスタイルがスタンダードになりつつあることが挙げられます。

事実、空港のファーストクラスラウンジやセンチュリオンラウンジでは、スーツではなくフーディーやTシャツなどカジュアルな装いでくつろぐのはごく当たり前の光景になっています。イタリア・ローマ創業の老舗紳士服ブランド「ブリオーニ」の極上のリラックスストレッチスーツを身に纏い、高級スニーカーを合わせるビジネスマンも、よく目の当たりに

します。彼らの愛車はロールスロイスやランボルギーニのSUV。仕事はもちろん、スポーツやレジャーも楽しんでいる彼らの姿が目に浮かびます。

ファッションだけでなく、食の世界でも「ラグカジュ」のトレンドが来ています。
「世界で最も予約の取れないレストラン」のひとつとして知られるデンマークの「ノーマ」が株式会社KADOKAWAと組み、2019年に日本初出店となる「INUA（イヌア）」をオープンしました。北欧料理の哲学を引き継ぐ1人5万円超えのコース料理。しかし、その楽しみ方はどこまでもカジュアルです。シェフは紺色エプロンに白Tシャツ、スタッフは紺色長袖シャツ。大切な仲間と五感を開放させて味わってもらうために、ドレスコードはあえて設けていないのだそうです。

モナコの五つ星ホテル「オテル メトロポール モンテカルロ」内にある地中海料理レストラン「オデッセイ」。世界最高峰のフレンチ「ジョエル・ロブション」監修の料理を堪能するロケーションは、なんとプールサイド！かの"モードの皇帝"、カール・ラガーフェルドがデザインしたプールサイドで、プロヴァンス地方の野菜と地中海フードのヘルシーランチに

舌鼓。ラグジュアリーとカジュアルが高次元で融合した「プールサイドレストラン」です。

このようなさまざまなジャンルにおける「ラグカジュ」の浸透は、単なるラグジュアリーの大衆化の文脈とは異なります。ラグジュアリーブランドが持つ本来の価値を毀損することなく、自由自在に採り入れることができる、ポジティブな変化と私は受け止めています。その意味で、「ラグカジュ」もまた「セレクティブラグジュアリー」を象徴するトレンドといえるでしょう。

高級ブランドの貫禄は、ただ伝統を受け継ぐことから生み出されるのではありません。シャネルが、ドレスの装飾を切り捨て、リトルブラックドレスが象徴する「究極のエレガンス」で先駆者となったように、いつの時代も、ライフスタイルの変化から、ラグジュアリーの革命は起きるのです！

4-4 富裕層にみる、
これからの旅のキーワード＜3S×P＞

ここまで、世界の富裕層に着目して、その歴史的な歩みと、その動向を通じたトレンドの変遷をみてきました。

彼ら富裕層の消費トレンドの変化を、「旅」にフォーカスしてさらに詳しく観察してみると、これからの日本人に求められる「旅力」を高めるキーワードは＜3S×P＞に集約されます。旅のプランニングから旅先でのスタイルまで、フェーズごとに整理すると以下のとおりとなります。

①パーソナライズ（旅のあり方・計画）
②ソーシャル・グッド／サステナビリティ（旅のテーマ）
③センス（旅のテーマ／旅先でのスタイル）
④セレクティブ（旅先でのスタイル）

＜キーワード①＞パーソナライズ（旅のあり方・計画）

まず、旅のあり方を大きく転換するキーワードとして「パーソナライズ」を挙げます。

旅のプランニングにおいては、これまでの休暇の時期・日数、予算など

図表4-3 「旅力」を高める＜3S×P＞

計画	Personalize	■ 大量生産・大量消費型のパックツアーから卒業し、自分の好きなようにプランニングする旅へ（旅のトランスフォーム） ■ 集団とのつながりを志向する旅から、自分の好きなこと、やりたいことを自分で選択する「個」を重視した旅へ ■ 休暇の時期・日数、予算などから受動的にプランニングするのではなく、旅の目的・テーマを明確に設定し、主体的にプランニングする
	×	
テーマ	Social Good Sustainability	■ 形だけのSDGsではなく本質的に持続可能な未来について思索・教養を深める旅 ■ 外見的ではなく内面を美しく健康的に磨くのがこれからのラグジュアリー
	×	
	Sense (Sensitivity)	■ 長期化した自粛生活で鈍ってしまった五感を回復する旅 ■ 「時間消費型」で観光名所をせわしなく周るのでなく、ゆっくり周って五感を活用して異国の情報をキャッチする ■ 感性が導く偶然の出会い・発見を楽しむ（セレンディピティ）
旅先でのスタイル	×	
	Selective	■ オールラグジュアリーからセレクティブラグジュアリーへ ■ 不必要なことにはお金をかけず、本質的に必要なことに対しては投資を惜しまない ■ ちょっとした工夫で旅の体験を豊かに（抜け感）

から受動的にプランニングするのでなく、旅の目的・テーマを明確に設定し、その目的・テーマに沿って自分だけの旅のストーリーを設計するスタイルが主流となります。

画一的なマス消費に対して、消費者を「個（n=1）」でとらえ、その「個」に

対応した商品企画・提案手法を総称するパーソナライゼーションが、マーケティングの分野で浸透しつつあります。

富裕層の旅のスタイルをみてみると、この「パーソナライゼーション」という言葉が注目される以前から、旅をパーソナライズしている様子がうかがえます。

たとえば、第1章で紹介した「ラグジュアリーモバイルキャンプ」。このキャンプの参加者は、2年前くらいから「再来年の8月は3週間休もう」と日程を確保し、計画を立て始めます。そして、彼らには「アフリカのゾウと一緒に暮らす生活を通じて、ゾウの生態を理解する」など明確なパーパス（目的）があります。富裕層はパーパスオリエンテッドで、目的から逆算して旅行地や、旅行先でのアクティビティを決めるのです。

これからのパーソナライゼーションの波が、旅においても富裕層から一般消費者に浸透すると考えると、富裕層がもともと身につけているパーソナライズ型の旅のプランニングも、一般消費者層にも普及していくと予想されます。たとえば京都を観光するにしても、「金閣寺に行こう」「清水寺に行こう」から「瞑想体験をするために京都の○○に滞在しよう」と、各々の目的からプランを設計する旅が主流になるでしょう。

とりわけ、従来の日本型の「時間消費型旅行」から脱却するためにも、個人個人が旅をパーソナライズする習慣を身につけてほしいと願っています！

＜キーワード②＞ソーシャル・グッド／サステナビリティ（旅のテーマ）

ミレニアル世代に代表されるニューラグジュアリー層は、外見的・物質的なラグジュアリーよりもサステナビリティやウェルネス・マインドフルネス、そして内面的な変化を好む傾向にあるとお話ししました。この「ソーシャル・グッド／サステナビリティ」は、旅のテーマ選びにおいても大きなトレンドとなります。

そして、コロナ禍をきっかけとして、この傾向はミレニアル世代だけでなく、従来のラグジュアリー層にも広がっています。
世界7都市で開催されているラグジュアリートラベル市場向けの商談イベント「インターナショナルラグジュアリートラベルマーケット（ILTM）」が毎月発表する「グローバルヒートマップ」の2020年7月のレポートは「グリーンが主流になる」と題し、コロナ禍以前にはミレニアル世代の中

で主流になっていたグリーンリビングやサステナビリティが、40代以上の富裕層にも広がっていることを伝えています。

日本における「サステナビリティ」や「SDGs」はやや形から入りすぎていて、表面的なファッションに傾倒している印象を受けます。一方で世界の富裕層は、より本質的なサステナビリティを、行動様式にも旅にも求めます。

第3部であらためてご紹介しますが、2021年、ノルウェー北部・スヴァルティセン氷河の麓に、新しいホテル「スヴァルト」がオープンしました。ノルウェーを拠点とする建築事務所「スノヘッタ」による、世界初の「ポジティブ・エナジー・ホテル」です。
「ポジティブ・エナジー」とは、建築物がその寿命を全うするまでにエネルギー収支をプラスにするという意味です。ホテルが自家発電し、消費電力以上のエネルギーを生み出すことをコンセプトに掲げている、自然と共生したホテルに、世界中の富裕層が注目しています。

このように、世界のリーダーたちは本気でサステナビリティの課題と向き合っているのです。この「スヴァルト」のようなホテルを見るだけでも、

これまでの価値観を揺さぶられるような思いがします。日本で叫ばれているSDGsが小さいものに見えてきませんか？

旅を通して「本気のサステナビリティ」を目の当たりにすることは、日本人というだけでなく「地球人」としての生き方を正されるような強烈なインパクトをもたらすことでしょう。

＜キーワード③＞センス（旅のテーマ／旅先でのスタイル）

ここでの「センス」とは「感性＝五感」を意味します。

長期化したコロナ禍による自粛生活で、移動や人との接触を物理的に制限されたことで、私たちの五感は鈍ってしまいました。元来、人間に備わっている自然界で生きていくために必要な機能が著しく低下してしまいました。

もう一度五感を開き、人間らしい生き方を回復することは、アフターコロナにおける旅の大きなテーマとなります。

旬の食材を、その土地で堪能する。木々や草花の匂いを楽しむ。誰もいない離島でただのんびりと過ごす。

このような旅の体験を通じて、「視覚・聴覚・嗅覚・味覚・触覚」を正常に

取り戻すことで、心身ともにリラックスでき、本来の力が呼び覚まされるでしょう。

また、旅先での過ごし方、スタンスにおいても、「五感」がキーワードになります。
「時間消費型旅行」のスタイルで観光名所をせわしなく周るのでなく、限られたスポットをゆっくりと周りながら、五感をフル活用して異国の情報を目で、耳で、鼻でキャッチしてみましょう。

また、時にはガイドブックやスマートフォンを閉じて、感性が導く偶然の出会い・発見、すなわちセレンディピティを楽しむ姿勢も忘れずに！

＜キーワード④＞セレクティブ（旅先でのスタイル）

優先度の高い事項に重点的に投資する「セレクティブ」な富裕層の旅のスタイルも、しばらくの間はトレンドになっていくでしょう。

私は以前、とある民泊サービスのコールセンター業務を請け負っていました。コロナ以前の民泊はインバウンド需要が8割で、とりわけ鎌倉が

とても人気がありました。

中国人の富裕層の利用が多かったのですが、彼らは新宿の「パーク・ハイアット東京」に1週間ほど滞在して、そこに荷物をほったらかして、あえて鎌倉近くの民泊を利用する、といったことをやっていたのです。セレクティブな消費を好む傾向が、欧米から徐々にアジアなどの地域にも広がっていることをうかがわせます。

前述した「ラグカジュ」のトレンドも、「セレクティブ」な旅のスタイルを後押しするものになるでしょう。

出張でサンタモニカやロス郊外に行くと、ボーダーのニットにジーンズ、スニーカーというスタイルの人をよく見かけます。コンサバティブだけど、すごくおしゃれにみえる。高価なものを身につけているわけではないのに高貴にみえる。旅先で出会う世界の富裕層は、ラグカジュを自分のスタイルにうまく取り込んでいます。

私の住んでいる港区は、大使館に勤めている人をはじめ外国人が多いエリアです。六本木などの和食料理店に行くと、日本に長く暮らしている外国人が、日本酒をワイングラスで楽しんでいる光景をよく見かけま

す。自分たちの文化のスタイルに、日本酒を柔軟に合わせているのです。ゴージャスでなくてもおしゃれな「抜け感」のあるスタイル!

このように、ただお金をかけるのではなく選択的に投資する、あるいはお金をかけなくても柔軟に異文化を楽しむスタイルが、旅においてもトレンドとなっていくでしょう。

次の第3部からは、これらの旅のトレンドに沿って、これからの旅のスタイルを、具体的事例をもとに展望していきます。

第 2 部では、世界の富裕層のライフスタイルや消費行動から示唆される、これからの新しい旅のあり方やトレンド、そしてこれからの旅のキーワードについてみてきました。

それらを踏まえて、ここからは各論に移り、アフターコロナ時代における新しい旅のスタイルを、具体的な事例をもとに展望していきます。

第 3 部は、自粛生活を強いられたことで鈍ってしまった「五感」を回復する旅にフォーカスします。テーマは「食」「空間」「ウェルネス」「芸術」の4つ。五感を再び呼び覚ます旅のヒントを、この中からぜひ見つけてみてください。

第5章 食×旅

5-1 旬を味わうぜいたく 「エネルギーチャージトラベル」

旬の食材を味わう体験を身近にした「産直EC」

新型コロナウイルスの影響を最も受けた業界のひとつが、外食業界です。

政府による緊急事態宣言やまん延防止等重点措置にもとづく、度重なる休業や時短営業の要請……大都市圏を中心とする多くの飲食店が翻弄され続け、やむなく店をたたまざるをえない状況に追い込まれました。

長きにわたってコロナに振り回され続けた外食産業にとって、アフターコロナは、新たな外食産業の道を問われる時代となるでしょう。

一方、ECの分野では、コロナ以前はロシアやヨーロッパ向けのジャパニーズウイスキーや日本酒のECが好調でしたが、コロナによる"巣ごもり消費"を追い風にEC市場で大きく躍進したのが「産直EC」です。「日経トレンディ」誌が公表する「2020年ヒット商品ベスト30」でも、14位に「食べチョク／ポケットマルシェ」がランクインされています。

コロナ禍で外出が難しくなった2020年。自粛に飽きて食に癒しを求め

た多くの人々が、「産直EC」を活用し、地方の新鮮な野菜や魚に舌鼓を
打った。
（中略）スーパーより段違いにおいしい野菜や魚の味を知ってしまった
消費者は、緊急事態宣言の解除後も日常使いするようになり、「7〜8
割がリピート買いをしている」（ポケットマルシェ）。（「日経トレンディ」
2020年12月号）

「食べチョク」や「ポケットマルシェ」などの産直ECを通じて、日本全国の
旬の食材を自宅で気軽に体験できるようになったことは、一面では消
費者の食へのリテラシーを高めることにもつながったのではないかと
思います。

そして、産直ECの台頭が消費者の「食」への欲求とリテラシーを高めた
ことで、アフターコロナにおいては、消費者がリアルの飲食店に求める
食体験や、店選びの基準も刷新され、さらなる進化を遂げる時代へ突
入です。

日本ほど「旬」の豊かな国はない

産直ECなどを通じて、消費者が「旬」の食材に気軽にアクセスできるよ

うになったことで、あらためて「日本ほど『旬』の豊かな国はない」ことに気づいた方も多いかもしれません。

「旬」という単語を辞書で引くと、次のように説明されています。

「魚介類や蔬菜・果物などの、最も味のよい出盛りの時期」(『デジタル大辞泉』小学館)

魚や野菜には、自然のサイクルに従って、最適な漁獲・収穫時期があります。その、一年のうちで魚や野菜の味が最もよくなるベスト・シーズンを私たちは「旬」と呼んでいます。
また、「梅雨の時期に水揚げされる『入梅いわし』」「丹波の松茸の収穫時期は9月上旬から」など、日本の「旬」の種類は単なる春夏秋冬にとどまることなく、実に多彩です。

「初鰹」や「鮎の解禁」など「初もの」にこだわるのも、「旬」の食文化を持つ日本ならではの特徴といえます。「初物七十五日」という言葉もあるように、初物は食べると75日寿命が延びると言われ、縁起物とされています。江戸時代の人々にとって、初物を食すことは「粋」とされ、こぞって初

物を求めていたそうです。

さらに、「出世魚」のように時期や大きさによって名前を変える食材があるのも日本ならではの食文化です。その代表はブリ（鰤）でしょう。1年で32cm、2年で50cm、3年で65cm、4年で75cm前後に成長するブリは、その大きさに応じて関東では「ワカシ・ワカナゴ→イナダ→ワラサ→ブリ」、関西では「ツバス→ハマチ→メジロ→ブリ」と名前を変えます。出世魚もまた縁起物とされ、「立身出世を願う」意味を込めて、ブリの照り焼きがおせち料理のお重を飾ります。

これだけ多彩な「旬」を揃えている国を、私は他に知りません。ヨーロッパでも旬の食材として白アスパラガスやフンギ（茸）、チーズでも秋にしか食べられないフランスの「モンドール」などがありますが、その種類と多彩さではとても日本に敵いません。

そもそも、私が知るかぎり、海外には「旬」に該当する言葉がないのです。英語では強いて言えば「season」ですが、日本人が「旬」という言葉に込める「縁起」や「粋」などのニュアンスを伝えるには十分ではありません。

さらに、その多彩な「旬」の食材のポテンシャルを最大限に引き出すには、必然的に繊細で丁寧な仕事が求められます。つまり、日本の料理人の職人技は、「旬」の食材によって鍛えられているといえます。

寿司職人の修行は包丁研ぎから始まり、10年の年月を経て一人前の職人になるといわれます。寿司一貫のシャリの目安は230粒（約 12グラム）ですが、一流の寿司職人は一回で必ず230粒のシャリを掴めるそうです。このような寿司職人の技も、「旬」のネタを最高の状態で供すために、長い修行の中で磨かれたものなのです。

細かい周期で、一年を通じてエッジの効いた「旬」を楽しめる。そこには、「旬」のポテンシャルを見事に引き出す料理人がいる——そのような日本の食文化は、実はグローバルな視点で見ると非常にぜいたくなのです。

日本の「旬」の食材は「パワーフード中のパワーフード」

海外では、和食は「パワーフード」として長く人気を誇り、富裕層にも好まれています。

麻布にある鰻料理の名店「野田岩」は、パリにも店舗を構えており、連日

にぎわいをみせています。現地のフランス人は、鰻の蒲焼きや鰻肝を、フルボディ寄りの赤ワインに合わせ、マリアージュを楽しんでいます。蒲焼きの甘いタレと赤ワインは相性がいいようです。鰻を酢で和えた「うざく」は白ワインに合わせています。

鰻の他にも、パリでは豆腐専門店や焼鳥屋など、寿司や天ぷら以外の和食レストランも市民権を得ています。今や和食は、海外の食文化と融合しながら、その美味しさとヘルシーさで世界中の支持を集めているのです。

そのパワーフード・和食の中でも、「旬」の食材に勝るパワーフードはありません。

何も高級な食材でなくても、たとえば夏のトマトのおいしさは格別です。ハウス栽培のトマトは一年を通じて食べられますが、やはり露地もので無農薬のトマトのほうが美味しく、そして栄養価も高いものを味わえます。

大地や海、太陽など自然のエネルギーの恩恵を最も受けた「旬」の食材を食すことは、一年のうちで最も蓄積されたエネルギーを体内にチャージすることでもあります。

冬の富山・氷見を訪れて食した寒ブリやのどぐろ、白エビも印象深くはっきりと脳に刻まれています。

氷見の富山湾の地形は、絶好の天然の漁場です。3千メートル級の立山連峰の山並みから、雪解け水や雨水が森林を通って河川に流れ込み、海へとたどり着きます。森林で有機質をたくさん蓄えたこの河川水が、海へと流れ込んで良質なプランクトンを培養します。とりわけ富山湾は、7つの河川が流れ込んでいることから、魚のエサとなるプランクトンが豊富な絶好の漁場環境なのです。

現地の人は新鮮な「旬」の魚を「きときと」と形容します。その「きときとの魚」を、五感をフル活用しながら味わうのはもちろんですが、そのような「旬」のエネルギーを蓄えた氷見の魚が、北陸の自然の奇跡が生んだ賜物であることを理解しながら「頭で食べる」のも、食の楽しみ方のひとつです。

世界が認めるパワーフード・和食を、さらに一年で最も美味しく、エネルギーに満ちた「旬」で味わう。いわば「パワーフード中のパワーフード」を食すことは、世界中の人が羨むほどのぜいたくな体験なのです！

テクノロジーの進化とともに「旬」がぜいたくになる

ところで、食のジャンルにおける近年のテクノロジーの進化によって、「旬」が季節や場所を超えて味わえる環境が整いつつあります。

アメリカ・ニューヨークに、現地の富裕層や著名人が足しげく通う寿司の名店があります。そこで供される食材は、毎日、日本の市場から瞬間冷凍でデリバリーされています。そのぶん値段は相当なものになりますが、「ニューヨークで本物の江戸前寿司を食べられる店」として確固たる地位を築いています。

ニューヨークの他にも、トレンドとしてはシンガポールや上海などアジア圏にも江戸前寿司が続々オープンしています。

日本には、世界に誇る高度な冷凍技術があります。独自のリキッドフリーザー技術を持つ冷凍機器メーカーのテクニカンは、伊藤忠食品とともに冷凍食品ブランド「凍眠市場」を展開。2021年2月には横浜市内に冷凍食品専門店「TOMIN FROZEN」（トーミン・フローズン）をオープンしました。鮮度を保ち食卓まで届ける液体瞬間凍結技術は、食品ロスの解消にもつながるものであり、SDGsの観点からも新たな食のあり

方として注目されています。

高度な瞬間冷凍技術と、それをデイリーデリバリーするロジスティクス、そして寿司職人の確かな技術──これらの条件がすべて揃い、掛け合わせられることで、今では地球上のどこにいても、どの時期でも「江戸前寿司が食べられる」世の中になっているのです。

また、食の分野でもIoTやAIの導入が進んでいます。たとえば日本酒の「獺祭」を製造販売する旭酒造は、データにもとづく温度管理システムによって、季節杜氏に頼らずに通年での良質な純米酒の供給を実現しています。
電通、山形大学などで構成される「OPEN MEALS（オープンミールズ）」が推進するプロジェクト「SUSHI SINGULARITY（スシ・シンギュラリティ）」は、3Dプリンターや人工光ファームなど最先端のテクノロジーの粋を集めたフューチャーキッチンや、個人のヘルスIDにもとづくニュートリションマッチングなど、寿司の「究極のパーソナライズ」を実現する試みとして注目されています。

地球上のどこにいても、どの時期でも、お金さえ出せれば「旬」のものを

食べることができる———食におけるテクノロジーの進化は、「旬」という
概念さえボーダーレス、シーズンレスに変えつつあります。
それ自体は否定されるものではなく、むしろ食の可能性を広げる動きと
して歓迎すべきでしょう。ただ、ここで言いたいのは、こういったテクノ
ロジーの進化によって、逆にアナログな「その季節に、その土地でしか
食べられない」本物の「旬」を味わう体験の希少性が増し、ぜいたくさが
より際立つということです。

ニューヨークで江戸前のマグロを食すのもラグジュアリーな食の体験
ですが、青森県の大間に行って、水揚げされたばかりの「旬」のマグロ
を食す体験こそが、これからは食における真のラグジュアリーになって
いくのではないでしょうか!

旬の食材を気軽に楽しむ「"旬のスペシャリテ"ホッピング」

ここまでお話ししてきたように、長きにわたるステイホームによる産直
ECの台頭をきっかけに、多くの消費者が新鮮な食材や「旬」の美味しさ
をあらためて知るところとなりました。アフターコロナでは、その「旬」の
食材を志向する流れが徐々に外食へと回帰し、そこからさらに旅へと向

かっていくことが予想されます。

外食への回帰の動きと合わせて、美味しいものを気軽に味わう「食べ歩き」のマーケットも拡大するでしょう。コロナ以前から好調だった、都心を中心とした「横丁ブーム」も再燃するものと思われます。

その「食べ歩き」のトレンドが、今後はさらに「"旬のスペシャリテ"ホッピング」のような形に進化を遂げると私は考えます（「ホッピング」とは「ハシゴ」を意味します）。

今では高級食のイメージの強い寿司ですが、もともと江戸時代の文政年間初期（1819年頃）に誕生したとされる江戸前の握り寿司は、屋台で供される"ファストフード"でした。夕食前に軽く立ち寄って、立ち食いで一貫、二貫「旬」のネタをつまんで小腹を満たすことが、江戸っ子の「粋」とされていました。

寿司の他にも、もともと庶民にとってのファストフードやストリートフードが、技術の進歩や文化の融合などによってラグジュアリーな食文化へと発展するケースは、洋の東西を問わずたくさんみられます。

ハシゴ感覚で好きなものを少しずつ楽しめる、ラグジュアリーな「旬」の

食事をファストフード風に気軽に味わえる、そんな新スタイルが次の進化系ハシゴのトレンドです。

実は、このような高級食材をカジュアルに楽しむスタイルは、ラグジュアリーカジュアルの流れを受けてすでに登場し始めています。
フランスの高級キャビア専門店「キャビアハウス」は、キャビアやフォアグラのサンドイッチを、シャルルドゴール空港をはじめ世界各地のハブ空港内のシーフードバーで提供しています。スタンディングで高級キャビアと白ワインの「ちょっとしたぜいたく」を気軽に楽しむスタイルは、江戸時代の屋台で寿司をつまむ「粋」に通じるものがあると思いませんか?

ミシュランで星を獲得したあの店の、あのシグネチャーディッシュを、その時期の最も旬な食材で少しずつ味わう。江戸時代の寿司屋台のように少しずつ食べては店を移ってまた食べる。まさに世界を旅するような気分で、「旬」の食材を気軽に味わう「"旬のスペシャリテ"ホッピング」。多彩な「旬」を持つ日本ならではの、コロナ後のインバウンド需要の起爆剤となる新業態です!

旬を味わう「エネルギーチャージトラベル」

食の流れが、家の中から再び外へと回帰する次の段階として、「旬」を味わう旅にも人々の関心が向けられることでしょう。ここでは、高いエネルギーを蓄えた「旬」を体内にチャージするという意味を込めて「エネルギーチャージトラベル」と呼びます。

実は、"巣ごもり消費"を牽引した産直ECが、この「エネルギーチャージトラベル」のきっかけを与え、売れ筋や新たな価値の発信になると思います。

産直ECは、多くの人が自宅にいながら「旬」の食材に気軽にアクセスすることを可能にしました。その産直ECを通じて本当に美味しい食材に出会ったら、次の段階はその食材を最も美味しく、最もエネルギー値の高い状態で食べるために、実際にそれが作られている土地に行って、その土地で再びその食材を味わってみるのです。これが「エネルギーチャージトラベル」です。

いわば、産直ECをさまざまな食材に出会える「メディア」として、また、気軽に取り寄せて試してみる「テストマーケティング」と位置づけるのです。

たとえば愛媛県のミカン系の柑橘類「せとか」は、甘くトロリとした食感で「柑橘の大トロ」とも称されています。産直ECを通じて自宅で「せとか」を満喫するのもいいのですが、愛媛の今治にある「せとか」の農家を訪れ、その土地で「せとか」を味わってみましょう。自宅とはまったく異なる極上の体験をもたらしてくれるでしょう。

産直ECを「メディア」として活用する「エネルギーチャージトラベル」のスタイル。コロナで外食産業は大きなダメージを受けましたが、そのコロナがむしろ「食×旅」の可能性を広げ、追い風となってくれるかもしれません。

5-2 食と自然の"マリアージュ"を味わう旅

食材とともに「土地」を味わう「オーベルジュ」

食にまつわる旅には、その土地の料理や食材そのものを味覚や嗅覚で味わうだけでなく、現地の人から料理や食材に秘められたストーリーを聞く、あるいは自然の風景を眺めるなど、「体験」を味わう魅力があります。
これから消費トレンドが「モノ消費」から「コト消費」、そして「イミ消費」へと進化していく過程で、アフターコロナにおいてはこの「体験」を味わう食の旅がさらに拡大し、進化しています。

すでにそれがブームとして表れている一例が「オーベルジュ」です。
フランス発祥のオーベルジュは、その土地で採れる「旬」の食材を、その土地で味わい、さらに宿泊という体験も加わった、まさに五感で味わう食のラグジュアリー体験です。

フランスの田舎は、今もなおオーベルジュの魅力の宝庫です。
南仏プロヴァンス地方に多くある、アラン・デュカス監修の「ラ・バスティード・ド・ムスティエ」は、丘からの抜けた眺めと、そよ風に乗って届くハーブ菜園の香を楽しみながら、ガーデンテラスで食を味わいま

す。リラックスした空間でゆったりと時間を過ごしながら、満ち足りた食事体験を満喫できます。

フランスの東部、ヨーロッパ一の透明度を誇る美しい湖と雄大な山々に囲まれたアヌシーという街には友人のPierre‐Phillippe Braiさんの別荘がありよく訪れます。夏は湖畔での花火大会とジャズライブイベントが行われます。
その湖畔の「タロワール」という小さな村にあるのが「オーベルジュデュ ペール ビス ジャン シュルピス」。夏は20時過ぎまで日が落ちず、夕陽に輝く湖の景色を眺めながら、至福の時を過ごせます。

19世紀のフランスの作家ジョルジュ・サンドが人生の多くの時間を過ごし、作曲家フレデリック・ショパンとも暮らしたフランスのノアン。新世代の作家たちに「ノアンの奥方」と呼ばれ、慕われていたサンドが生涯を過ごした「ノアンの館」と「ヴィラ・アルジラ」は、今なおこの小さな田舎村に残ります。
その「ノアンの館」の中に、サンドの作品から命名された「プティット・ファデット」というオーベルジュがあります。窓辺に飾られた真紅のゼラニュウムに目をそそぎ、静かなショパンの音色に耳を傾けていると、家

庭料理のようなディナーがテーブルに運ばれます。観光客がほとんど訪れないこの小さな村で、素朴なディナーを味わうと、まるでサンドの生きた時代にタイムスリップしたかのような気分に浸ります。サンドの心暖まる田園小説の中で展開される、ほのぼのとした人間愛が思い出されるひと時です。

自然と食の極上の"マリアージュ"

ワインの原料であるブドウは、その土地の気候や土壌、地形などの「テロワール」でその品質と個性が決まります。食事とともにその「土地」を満喫するオーベルジュとの相性がいいのは言うまでもないでしょう。

アメリカ・カリフォルニア州のナパ・ヴァレーでレストランといえば、富裕層たちは「全米一予約が取れない」といわれる「フレンチランドリー」にこぞって集まります。しかし、私が好きなのは、ラザフォード・ヒルの上、ブドウ畑とオリーブの林の中に構える「オーベルジュ・ドゥ・ソレイユ」。壮大なナパ・ヴァレーのブドウ畑を眺めながら、宿泊とセットで、セラーに並ぶ1万5千本のワインの中から究極のカルトワインをチョイスし、さまざまなワインを開けながらお気に入りを見つける楽しみがあり

ます。

ワインついでにシャンパンからも一つご紹介。ランス・シャンパーニュ
地方には「ドメーヌ ジャック・セロス」の直営シャンパンメゾン「レ・ザ
ヴィゼ」があります。こちらはホテルに滞在しながらカーヴを見学でき、
試飲も楽しめます。オーベルジュというよりはホテルに滞在して思う存
分セロスのシャンパンを楽しむという、泡好き、セロス好きにはこれ以
上なくぜいたくなスタイル!

風の音、窓から射し込む光、水のせせらぎ、木々の匂い──世界のオー
ベルジュで過ごすひと時は、人は無意識のうちに心地よい場所を追い
求める生き物なのだということを私たちに気づかせてくれます。そし
て、心からそう思える土地に出会った時の、その喜びは喩えようもあり
ません。自然と食の極上の"マリアージュ"が、旅の疲れを忘れさせてく
れます。

地産地消の多彩な食文化が支える日本流オーベルジュ

今度は日本のオーベルジュにも目を向けてみましょう。

フレンチシェフの勝又登氏が1986年に箱根に「オー・ミラドー」を開き、最近では、「HIRAMATSU」がものすごい勢いで、全国のリゾート地にオーベルジュをオープンしています。また、国産ワインの評価も年々上がっており、ワイン体験と宿泊体験を組み合わせたオーベルジュもみられます。とりわけ新潟の「カーブドッチワイナリー」は、極上のフレンチとともにワイナリー見学や温泉も楽しむことができます。

元来、「旬」を売りにした地消地産のローカルフードといえば、日本の郷土料理です。四季が豊かで温泉も豊富な日本には、その土地の郷土料理を楽しめる料理旅館が数多くあります。
そのように、各地域の多彩な食文化と料理旅館の伝統を持つ日本は、フランスのオーベルジュ文化との親和性も非常に高いのです。事実、今ではオーベルジュもすっかり定着した感があります。
手先が器用で、食に妥協しない日本の一流シェフが、「旬」の食材の供し方を追求した結果、日本流のオーベルジュのような形に行き着くのも自然なことなのかもしれませんね。

食文化と観光を融合した「ガストロノミーツーリズム」

「体験」も含めて食を味わう旅として、いま観光業界で注目されているのが「ガストロノミーツーリズム」です。

ガストロノミーとは「美食術、美食学」と訳されますが、その土地ならではの食を楽しみながら、歴史や習慣、伝統文化に触れる旅のスタイルを一般的にガストロノミーツーリズムと呼んでいます。ちなみにガストロは「胃」を意味します。

食材、食習慣、調理方法などはその土地の歴史や気候・風土によって育まれたものです。それらのバックグラウンドも含めてその土地の食文化を"味わう"旅のスタイルといえます。

ガストロノミーツーリズムの先進地として真っ先に挙げられるのが、スペイン北部バスク地方の小都市「サン・セバスチャン」です。

人口18万人ほどの小さな街に、スペインでも随一の軒数のバルがひしめき合い、ミシュラン掲載レストランが16軒もあるサン・セバスチャン。「世界屈指の美食の街」として多くの観光客を集めています。

スペイン王族が避暑地として訪れていたことから独自の食文化を持つ

サン・セバスチャンでは、その街の財産である「美食」を世界にアピールする取り組みを1990年代から推進。とりわけ画期的なのは、門外不出とされるレストランのレシピを公開・共有化したこと。これによって街のレストラン全体のレベルが底上げされ、多くの斬新な料理技法や、有能なシェフが数多く誕生しました。日本のコンビニがブームに火をつけたバスクチーズケーキも、このサン・セバスチャンのレストランが発祥です。

1930年代にある美食評論家が「食文化の都」と称えたフランス・リヨンは、地産地消の伝統料理の文化を今日に伝え続けています。
リヨンのガストロノミーの歴史は、もともと貴族家庭の専属料理人だった女性料理人（リヨンの母）たちが、19世紀に自分でレストランを開店したことに端を発します。1921年に開店した「ラ・メール・ブラジエ」もそのひとつで、世界的に有名なリヨン出身のシェフ、ポール・ボキューズもこのお店で修業を始めています。2019年にはフランスで初めてのガストロノミーをテーマとした博物館「国際ガストロノミー館」がオープンしました。

イタリアでは、田舎町で農家が営む宿泊施設に泊まりながら農村体験を楽しむ「アグリツーリズモ」が推進されています。観光客を受け入れ、

食事・農業体験などのできる施設は、イタリア全土に約2万軒あります。

北はピエモンテ州から南はシチリア島まで、南北に延びたイタリアは州ごとに異なる食文化を持ち、その土地ならではのワインの品種は実に2千種にもおよぶといわれています。それぞれの地域で、郷土料理と土着品種のワインを楽しむガストロノミーツーリズムを楽しむことができます。

山・海に囲まれた日本は「ガストロノミー大国」になれる

こういったガストロノミーツーリズムは、地産地消やスローフードなどのサステナブルなテーマも包含しています。人間本来がDNA的に求めている欲求を考えると、ガストロノミーツーリズムが人気なのも当然の動きといえるかもしれません。

人間は本来、コンクリートに囲まれた都会よりも緑や水辺、風通しの良い大地など、本能的に自然を欲しているものです。そのDNA的な欲求を「食」の切り口で提示したものを「ガストロノミーツーリズム」ともっともらしく言い換えているにすぎないのです。

そして、国土を海に囲まれ、約3分の2を山林が占める島国の日本は「ガストノロミー大国」のポテンシャルを有しています。

海外には、たとえばサンフランシスコの「フィッシャーマンズワーフ」のように、漁師町で新鮮な魚介類を食べられるスタイルが人気の観光都市もあります。釧路（北海道）、小浜（福井県）、白浜（和歌山県）などではフィッシャーマンズワーフにならった地域おこしの取り組みがみられますが、フィッシャーマンズワーフより、日本の漁港で食べる「漁師めし」のほうが、よほど魅力的な食体験が味わえると思います。

三重県尾鷲市は人口1万7千人ほどの小さな市ですが、市域の約9割を山林が占めるという急峻な地形と熊野灘の入り江が、天然の漁場を生み出しています。この地で水あげされる魚の種類は実に700種類を超えるといわれ、私もこの尾鷲を訪ねた際、地元の人から「1日1匹紹介しても1年では収まらないから、2年分のカレンダーをまとめてつくる」と聞きました。

このように海に囲まれ、豊富な漁場を持つ島国、日本。その強みを日本独自の魅力的なコンテンツに仕立て上げ、エンターテインメント性と掛け合わせて世界へ発信していく。そこに、新たな日本の漁港のあるべき

姿がみえてくるでしょう。

そして、本書の大きなテーマのひとつである「五感の回復」という意味でも、地方の魅力である自然と食を一体的に味わう旅のスタイルは、これから大きく成長するポテンシャルを秘めています。特に世界の富裕層にみられるような本物志向、旅のストーリー性を重視するという志向の変化にも通じるものがあるでしょう。

5-3 食がもたらす、
セレンディピティの出会い

なぜ料理教室が外国人観光客に人気なのか？

旅において、その土地の料理や食材の背景にあるストーリーや食文化を知る上で、最も手っ取り早く、かつ有効な手段があるのをご存じでしょうか？
それは、その土地の「人」と出会うことです。

コロナ以前、日本を訪れる外国人観光客に好評だったのが料理教室です。世界的な和食ブームを背景に、包丁の持ち方から寿司の握り方、そば打ち体験、箸の持ち方まで学べる日本の料理教室は、体験型ツーリズムのひとつとして人気を誇っていました。アフターコロナでは再び人気が戻るでしょう。

逆に言うと、たとえばイタリアンワイン好きの方がいたら、日本から海外に飛び出してイタリアの郷土料理を学びに行くのもいいのではないでしょうか。トスカーナ州を訪れ、現地の食材を使った現地の郷土料理を学ぶ。合わせるのはもちろん、トスカーナ州の土着品種であるサンジョベーゼの赤ワインです。アッヴィナメント（マリアージュ）の魔法で、現地で飲むサンジョベーゼは日本で飲むものとまったく違う味わいとなるで

しょう。

このように、現地の人に直接料理を学ぶことで、ガストロノミーツーリズムからさらに一段進化した料理体験が得られます。人との出会い、その人から得る知識や情報が、食の体験をいっそう豊かにしてくれるのです。

食卓を"シェア"する？「ソーシャルダイニング」

モノ消費からコト消費、さらにイミ消費へとシフトする流れにおいては、ただ美味しいものを食べるだけの食体験から、「誰と食べるか」へと、食体験の価値も変化していきます。
寿司職人やシェフを自宅に呼んで、さまざまな友人を招いてホームパーティをするスタイルの食体験も定着しつつありますが、その「誰と食べるか」という食体験をさらに進化させたサービスが「ソーシャルダイニング」です。

ソーシャルダイニングとは、料理を「提供したい人」と「食べたい人」を結びつけるマッチングサービスです。シェフが提供する料理やお酒が並ぶ食卓を、その日集まった初対面の人どうしで囲むのがソーシャルダ

イニングのスタイル。食事はもちろんのこと、集まった人々やシェフとの交流の時間も楽しみのひとつです。主に、シェフの自宅や定休日の飲食店等の空きスペースを利用して開催されます。まさに"食卓のシェアリングエコノミー"！

NYの人気フリーランスシェフ、ジョナ・レイダーは、予約待ちが6千人ともいわれ、ソーシャルダイニング人気を象徴する存在です。

「至高の料理とは、レストランではなく家で食べるもの」を信条に、マンハッタンの高層アパートで定員 6名のゲストを迎えている。「教師に写真家、政治家、セレブリティ、年齢や職業も異なる人たちがテーブルを囲んでいます」とジョナは語る。メニューは夜毎変わり、「ヒラメのクルドとモリーユ茸のビネグレット」、「メキシカンチリ風味のキャロット＆ヘーゼルナッツ」といった皿が登場する。料理学校や名店で修業を積んだ正統派シェフではないが、Do-It-Yourself で料理に挑戦する楽しさを広めることがジョナのゴールだ。「この夢を生業として取り組めるなんて、本当にラッキーですよね」。(「店を持たない食の伝道師。ジョナ・レイダーのこと」料理王国／ 2020年4月23日)

その日に偶然テーブルをともにした人と一緒の食事を味わう体験は、まさに一期一会であり、新たなコミュニケーションの場をもたらしてくれます。日本ではセキュリティへの懸念もあり、まだまだ認知度は高くありませんが、アフターコロナでは食を通じた新たな出会いの場として普及するポテンシャルを秘めています。

旅先での偶然の出会いもソーシャルダイニング

「ソーシャルダイニング」とわざわざ銘打たなくても、ソーシャルダイニングのような出会いの体験は、実は身近なところで起きています。

たとえば地方に出張に行った先で偶然立ち寄った居酒屋で、隣に居合わせた地元の常連さんと意気投合する。店の大将から秘蔵の酒を分けてもらう。こういう予期しない出会いはソーシャルダイニングと同じセレンディピティの体験です。

海外の旅先でも、安全さえ担保されていれば、工夫と度胸次第でこのようなソーシャルダイニングの魅力を味わうことができます。イタリアやスペインのバル、イギリスのパブで隣の人に話しかけてみる。中国の料

理店で紹興酒のおススメのペアリングを聞いてみる。異国であれば、よりいっそう「食×出会い」の体験価値は刺激的なものになることでしょう!

さらに、アフターコロナという文脈では、多くの人がリアルな出会いに対する渇望を抱えています。その点でも、こういったソーシャルダイニングのような旅のスタイルがマッチする可能性はあると思います。

海外を舞台に新たな流通を独自開発

ガイドブックに掲載されている情報だけでなく、今日ではたとえば「現地に住む日本人のブログ」など、ネットやSNSを通じてリアルな情報を収集することができます。

ただ、数多くある情報よりも、信頼できる一人の食通を捕まえて聞いたほうが、希少価値の高い情報が得られることは言うまでもありません。

となれば、問題はその「信頼できる一人の食通」にどうやってアクセスするか、ということになりますね。

シェフや輸入販売商社などの中には、よりニッチな、日本では未開の、ポテンシャルのあるマーケットを狙い調達に出向く、バイタリティにあふれる人たちがいます。

これは極端な例ですが、トリュフを採りにイタリアに行く旅を敢行した人がいます。極上のイタリア・ピエモンテ州のトリュフを求めて、現地のトリュフ採りの専門家を自ら探し、その専門家に直接アポイントを取り、訪ねたのです。その後、彼は日本への良質なトリュフを仕入れる第一人者にまでなりました。

また、毎月のようにキューバに出向いて、シガーを調達している人がいます。日本製の家電や珍しいものをおみやげに渡して、現地の生産者やシガーショップからレアなシガーを入手する独自ルートを開発しています。

他にもカザフスタンの蜂蜜、ブラジルのプロポリス……なかなか真似のできることではありませんが、「極上の食材に出会う」という野望を果たすべく、現地に赴いてコネクションを自ら開拓し、築いていく彼らのバイタリティとセンスもまた「旅力」のひとつといえるでしょう。

第6章 空間×旅

アフターコロナの鍵は、"箱"からの脱出

アフターコロナの鍵は、"箱"からの脱出だと思いますね。現代の建築は、箱をより大きく、より高く積むことを志向してきました。こうした箱への志向は、ルネサンスの頃に始まったことです。なぜかというと、14世紀にペストの流行を経験して、不潔な場所から逃れるために、箱と大通りの都市をつくるようになったからです。それが何百年と続いて、どんどん箱が大きくなっていき、箱の中で仕事をすれば清潔で効率がいいと思い込むようになった。しかし、実は箱の中に閉じ込められるのが一番危険だった、というのが今回の教訓だと思います。
(「『隈研吾・西澤明洋が語るアフターコロナの建築とデザイン』。建築倉庫ミュージアムによるライブ配信をリポート」LIFULL HOME'S PRESS ／ 2020年6月28日)

冒頭から建築家・隈研吾氏のコメントを紹介しました。本書でも繰り返しお話ししていることですが、長期にわたるコロナ禍での自粛生活によって、まさにこの"箱"に閉じ込もることのリスクが露呈したことを、"箱"に携わる立場の隈氏が語っているのはとても興味深いことです。

隈氏が「箱の中に閉じ込められるのが一番危険」と語るのは、人間が持つ五感が鈍ってしまったことだけではありません。これまでの建築では、"箱"、つまり建物の中の快適性だけを追求し、熱気や汚れた空気は箱の外へ吐き出し、換気すればよいとされてきました。ところが、その行為が積もり積もって、地球温暖化を引き起こす遠因にもなっていると隈氏は警鐘を鳴らしています。

これからは、箱の外をいかに快適にするかを考える必要がある。建築が、箱の外を真剣に考えなくてはならない時代になります。
（中略）箱の外こそ、デザインすることは山ほどあると思うよ。国立競技場の設計では、箱の外を意識した部分がたくさんあるんです。例えば、地上約20mのところに、競技場をぐるりと取り巻く「空の杜」を設けて、外の景色を眺めながら一周できるようにしています。ほかにも、外から吹き込む風を空調に利用したり、雨水をリサイクルしたり。あのとき、外のことをずいぶん考えたのは、何か予感があったのかもしれないな。
（同）

箱をつくるのが仕事である建築家が、「箱の外」のことを考えなければならない、と真剣に語っているのはなんだか逆説的にも聞こえます。し

かし、「箱の外」も含めた空間をいかにサステナブルに、かつ、人間の五感を呼び覚ます方向に再びデザインし直せるか。それがこれからの建築に問われていることを、日本を代表する建築家である隈氏のコメントは伝えています。

自然と建築との調和を追求したジェフリー・バワ

自然と調和し、共生しながら、エネルギー負荷の少ない、サステナブルな空間をデザインする――隈氏が問う「建築の未来」をすでに体現している建築家が、世界には存在します。

その建築の未来を体現する建築家の代表が、スリランカ絶景建築の神様といわれるジェフリー・バワです。トロピカル建築の第一人者とも称されるバワは、スリランカ独自の文化や美しい海や山などの大自然を大胆に融合した新たな建築を次々に発表しました。

バワ建築の最大の魅力は、自然界に存在する木や岩などを取り除かず、自然を建築に解け込ませて一体感を出す斬新な建築発想にあります。客室だけでなく、ロビーやレストラン、庭、家具などあらゆる場所・モノ

が、自然と一体的に調和しているのです。

バワが手がけたホテルは、建物と外の隔たりをなくして自然に外へつながるデザインによって開放的な空間を創り上げており、西洋建築のホテルとは一線を画しています。光や影の影響も計算し、不自然さを嫌い、あらゆる自然が建築物と融合していることにこだわっています。まさに隈氏の言う「箱の外」までデザインし尽くされているのです。

バワ建築の代表作である「ヘリタンス・カンダラマ」は、バワの建築思想を最も体感できるホテルのひとつです。緑に覆い尽くされたような外観、大きな岩山がむき出しになったレセプション。ダイナミックに自然と融合させたデザインがそこかしこにあり、バワのメッセージを感じることができます。

バワに魅了された建築家は多く、自然と融合する建築手法は世界中の有名リゾートに今も影響を与え続けています。たとえば世界的ラグジュアリーホテルブランドの「アマンリゾーツ」は、バワ建築から大きな影響を受けたと言われています。 また、今では世界中のラグジュアリーリゾートが採り入れている、手すりなど視界を遮るものを設けずに自然の海や湖との連続性を持たせた「インフィニティプール」を生み出したの

もバワです。

バワは2003年にこの世を去りましたが、彼が遺したホテルを訪れると、彼が建築家というよりも「風」と「空間」を操るデザイナーであったことを感じます。自然との調和を重んじながらも、そこを訪れる宿泊客のための快適さと施設の美観を犠牲にしていないところもバワ建築の真骨頂といえるでしょう。

建築家集団「スノヘッタ」が提示する未来

もうひとつご紹介するのは、ノルウェーのオスロを拠点に活動する建築家集団「スノヘッタ」です。

スウェーデン中部・ハラッズの深い森の中にあるツリーハウス「ザ・セブンス・ルーム」をはじめ、北欧の自然との調和を細部まで計算し尽くした建築を提案し続けてきた彼らが、あらためて世界の建築関係者を驚かせたのが、2018年に公表したホテル「スヴァルト」です。

ノルウェー北極圏の最北端、スヴァルティセン氷河が迫るフィヨルドに

浮かんでいるかのように幻想的に佇むスヴァルト。圧倒的な自然のロ
ケーションと不思議と調和した円形のデザインにまずは目を奪われま
すが、スヴァルトが世界に驚きを与えたのはそのコンセプトにありま
す。それは、建物がその役割を終えるまでの消費電力を上回るだけの
再生可能エネルギーを、自ら発電するという、世界初の「エネルギーを
生み出すホテル」なのです。

夏の日照時間が20時間に及ぶ北緯66.6度のこの地で、太陽光エネル
ギーを効率的に集めるための最適な形状として、円形状のデザインを
選択。これはノルウェーの伝統的な漁師小屋「ロルブー」からヒントを
得て、水中の支柱やホテル全体をシンプルな木造構造としています。

スヴァルトは、ノルウェーの非政府組織や企業が参加するプラスエネル
ギーの建築プロジェクト「パワーハウス」が手がけた初のホテルです。
パワーハウスとは、日々の管理だけでなく、建物の建設から資材の生
産、取り壊しにいたるまで、建築物のライフサイクルに必要なエネル
ギーを上回るだけの再生可能エネルギーを自ら生成する「エネル
ギー・ポジティブ」をめざした建築プロジェクトです。

建物と景観との調和、エネルギー・ポジティブだけでなく、さらに建物が役目を終えた後の未来までも設計思想に取り込む——本質的なサステナビリティの課題に向き合ったスノヘッタが、これからの建築のあり方を導き、世界に提示した「答え」がスヴァルトなのです。

ラグジュアリーとサステナビリティが融合する未来

バワやスノヘッタなど、最先端のサステナビリティ建築に共通するのは、本質的なサステナビリティを追求しながらも、それが不思議とラグジュアリーを醸しているということです。

バワ建築の、自然と建築のダイナミックな融合は、サステナビリティの追求が人間に犠牲を強いるどころか、それがひとつのラグジュアリーとして付加価値になっています。「スヴァルト」の円形状のデザインは、建物のライフサイクルの中でポジティブエネルギーを達成するというゴールから合理的に導かれたものですが、それがノルウェーの自然と調和したラグジュアリーな景観を生み出していることに驚かされます。

この「ラグジュアリーとサステナビリティの共存」というテーマに、四半

世紀にわたって取り組み続けてきたのが、モルディブを拠点とする「ソ
ネバリゾート」です。

モルディブで初のラグジュアリーリゾート「ソネバフシ」を1995年に
オープンして以来、ソネバリゾートでは環境負荷を減らし、自然と共存
するリゾート施策を進めてきました。野生のマンタや魚の生きた姿を見
せるエコツアー、ゴミの90パーセントをリサイクル。2008年には世界
のリゾートに先がけ、ペットボトルの禁止を打ち出しました。

こうした長年にわたる地道なサステナビリティの取り組みが、ソネバリ
ゾートのブランドイメージをさらに高め、ラグジュアリーリゾートとして
の地位を確固たるものにしています。

外見的なゴージャスさを競うことがラグジュアリーとされていた時代に
は、ラグジュアリーとサステナビリティは相反する、トレードオフの関係
にありました。しかし、ここで紹介した世界のリゾート建築の事例は、サ
ステナビリティとラグジュアリーが共存し、融合するという、「ラグジュア
リーの未来」を私たちに指し示してくれます。

ここに紹介したように、本質的にサステナビリティの課題と向き合い、

かつラグジュアリーなデザインを併せ持った建築が、今後は日本にも登場することを期待しています。

サステナブルな思想を持つ日本家屋の「あいまいさ」

日本には、古来から伝わる「庭屋一如（ていおくいちにょ）」という言葉があります。

庭屋一如とは「庭と建物は一つの如し」という意味で、庭園と建物を一体のものととらえる日本家屋の伝統的な建築思想です。その根底には「人間は自然の一部である」という日本人の価値観があり、西洋の「人間は自然を支配できる」という価値観とは一線を画しています。

この「庭屋一如」の言葉に集約されるように、日本の住居では昔から「縁側」「濡れ縁」「通庭」といった、内と外の境界をあえてあいまいにした空間づくりの工夫がなされてきました。この「あいまいさ」は日本人のネガティブな国民性として語られることも多いのですが、こういった庭と建物との境界をなくす「あいまいさ」こそ日本建築の持つ大きな魅力です。

また、このようにあえて「あいまい」な空間を設けることで、小さな家の中にいても狭さをまったく感じることなく、開放感と季節を肌で感じる暮らしができます。

こういった昔から伝わる日本の建築文化には、もともとサステナブルな思想が反映されており、今日のサステナブル建築にも通じる機能美があるのです。

「家の作りやうは夏をむねとすべし。冬はいかなる所にも住まる。暑き比わろき住居は、堪へ難き事なり。」

吉田兼好『徒然草』の有名な一節です。鎌倉時代の日本では、冬の寒さより耐えがたいのが夏の暑さでした。そこで、住まいづくりにおいては「夏をむね」とする工夫がなされました。
深い庇（ひさし）で日射を遮る。ひんやりとした土塀や土間で室温の上昇を抑える。屋敷林や生け垣を設けて風の通り道を作る——クーラーのない時代に、こういった工夫で熱や風をコントロールする術を、昔の日本の住居建築は持っていたのです。

自然と共存する日本の建築思想は、バワやスノヘッタよりはるかに長い歴史を持っています。この思想を今に受け継ぐ建築クリエイターが、日本からこそ登場してほしいと切に願っています。ファッションだけのSDGsに浮かれている場合ではありません!

第7章 ウェルネス×旅

7-1 五感を呼び覚ます「命の洗濯」の旅

富裕層の間で広がる「ウェルネスツーリズム」

海の恵みを用いた海洋療法、タラソテラピー。「タラソ」はギリシャ語で
「海」を意味し、海水・海藻・海泥を用いた自然療法です。

そのタラソテラピーの最高峰とされるのが、約100年の歴史を誇る「テ
ルムマラン」。私も20年近く前に、モナコのエルミタージュホテルでこの
テルムマランを体験しました。

ミネラルを豊富に含んだ海水の水圧で全身をほぐすマッサージをまる
一日かけて受けると、仕事で疲れ切っていた全身がデトックスされ、新
たなエネルギーが充填されたような気分に……その極上のリラクゼー
ション体験は、いまだに覚えています。

それまではメトロポールにあるジバンシィのスパがお気に入りでしたが、ここはスパで完結してしまうので、今ではテルムマランスタイルが
気に入っています。今も、バリ島にある「アヤナ リゾート&スパ」のテル
ムマランスパはよく利用しています。今では、日本にもこのタラソテラ
ピーを体験できるホテルが増えています。

テルムマランの話から入りましたが、今、「ウェルネスツーリズム」が、世

界の富裕層の旅を語る上で大きなトレンドのひとつになっています。日々の喧騒から離れて自分と向き合う時間をつくる習慣や、自然環境と融合した精神性の高いアクティビティが、「お金で買えない価値」を求める富裕層の中でも増加傾向にあります。

街へ出れば、車や人がせわしなく行き交う。スマホを開けば、さまざまな情報の洪水にさらされる——日々、多くのノイズにどっぷり浸かっている私たちに必要なのは、日常を忘れさせてくれるような静かな場所に身を移し、心身を整える時間を意識的につくることでしょう。その意味でもウェルネスツーリズムは最高のリラクゼーション体験をもたらしてくれます。

ヘルスツーリズム、メディカルツーリズム、マインドフルネス、ホリスティック……ウェルネスツーリズムのスタイルは多岐にわたりますが、これらを総称するならば「命の洗濯の旅」といえるでしょう。五感を回復し、研ぎ澄ませるためにも、五感のコンディションを整える「命の洗濯の旅」が、本章のテーマです。

「Looking great」より「Feeling great」

モノ消費からコト消費、そしてイミ消費へと向かう消費トレンドの変遷において、ソーシャル・グッドを求める昨今の富裕層の間では、「環境によいこと」と並んで「心身によいこと」を選択するのが、新しいラグジュアリーの定義となっています。

2015年、雑誌『ヴォーグ（Vogue）』は「健康とウェルネスが高級なステータス・シンボルになっており、ミレニアル世代がその進化の原動力だ」と報じました。アメリカの医療分野の非営利組織、サンフォード・ヘルスは、健康やウェルネスのために積極的にお金を使っているこの世代を「ウェルネス世代」と名付けました。

その「ウェルネス世代」に支持されるブランドのひとつが、ハリウッド女優のグウィネス・パルトローが主宰するライフスタイルブランド「グープ（goop）」です。グープが2017年に開催した1日あたり1000ドルのウェルネス・サミットには600人以上が参加。2019年には日本にも進出を果たしました。

もうひとつ、「ウェルネス世代」の絶大な支持を集めているインフルエンサーの一人が、オーストラリア人のフィットネススター、カイラ・イチネス。彼女が考案したフィットネスガイド「ビキニ・ボディ・ガイド」は、「期間は12週間」「運動は一度に28分」「週でこなす回数は3回」とシンプルで、かつ自宅でも手軽に始められるメソッド。これがヒットし、またたく間にミレニアルズたちのフィットネス・バイブルとなりました。彼女のInstagramのフォロワー数は1300万人を超え（2021年7月現在）、「ビキニ・ボディ・ガイド」でプログラムに取り組んだ女性たちがビフォーアフター写真をシェアし合っています。

グウィネス・パルトローやカイラ・イチネスといった、新たなインフルエンサーの台頭は、まさに健康・ウェルネスがラグジュアリーの中でも重要な位置を占めていることを表しています。新たな富裕層たちは、見た目を誇示する「Looking great」より、自分自身が気持ちよくいられるかという「Feeling great」を重視しているのです。

成長するウェルネスツーリズム市場

こうした流れに呼応するかのように、ウェルネスツーリズム市場が、

徐々に広がりを見せています。

イギリスを拠点とする大手技術調査会社のTechNavio (テクナビオ) が発行する『世界のウェルネスツーリズム市場（2020年〜 2024年）』によると、世界のウェルネスツーリズムの市場規模は、予測期間中に7%のCAGR（年平均成長率）で推移して、2020年から2024年の間に3154億7000万米ドル成長する見込みとレポートしています。

このような成長ポテンシャルを持つウェルネスツーリズム市場を象徴するヘルスリゾートのひとつが、タイの「チバソム・インターナショナル・ヘルス＆リゾート」です。王族の保養地でもあるタイのホヒアンのビーチに建つチバソムは、1995年に創業した世界のウェルネスリゾートの先駆けともいえる存在です。東洋の自然療法から、西洋の現代医学まで、各分野のエキスパートによって、滞在客の心身両面での健康状態をより高いレベルで取り戻すことをめざしています。

東京ドーム約10個分の広々とした豊かな自然の中で、プログラムを受けながら自分の好きなようにゆっくりと休養に専念することができます。

ウェルビーイングに専念するという理念から、アルコール飲料も夕方18

時以降はリクエストのみの提供、またビーチ以外での喫煙は禁止、施設内での携帯電話などの使用も禁じられるという徹底ぶりで、世界中のセレブが日ごろの疲れを癒しにチバソムを訪れます。

東南アジアを中心に世界各国でラグジュアリーリゾートを展開するアマングループが運営する、三重県・伊勢志摩の「アマネム」。2000平方メートルもの広大なリゾートでは、温泉や薬草療法のセラピーとともに、個別に選べるウェルネスプログラムを体験することができます。「ストレスマネージメント」「デトックス・クレンジング」「リカバリー」「スローエイジング」の4種類のプログラムからあり、個人のウェルネスの目標に応じてプログラムをパーソナライズできるのが魅力です。

健康にまつわるサービスに関しては「効果がみえにくい」「おもしろくない」というネガティブなイメージが付いて回ります。ウェルネスツーリズムにおいても、健康効果の「可視化」や、旅を楽しみながら健康な気分を感じられる「エンタメ性」といった要素をいかに盛り込めるかが、今後の市場成長のカギとなるでしょう。

メディカルツーリズムで最新医療を体験

ウェルネスツーリズムの一種で、より医療のアプローチに特化したものが「メディカルツーリズム」です。

このメディカルツーリズムとラグジュアリーを融合した究極のホスピタリティを提供する施設が、美容大国・スイスの「クリニック・ラ・プレリー」です。
細胞療法のパイオニアとして80年以上もの歴史を持つクリニック・ラ・プレリーでは、メディカルチェックから医師・看護師によるコンサルテーション、各種トリートメントまで1週間の活性化プログラムを受けることができます。客室から一望できるアルプスとレマン湖の眺めも、心の安らぎをもたらしてくれます。「究極のアンチエイジング」を求めて世界中から多くの富裕層が訪れる、メディカルツーリズムの聖地ともいえる存在です。

一方、日本に目を転じると、コロナ禍以前には中国人観光客の間で、日本の最新医療施設でメディカルチェックを受け、そのまま箱根に行って温泉を体験するツアーが人気でした。

2017年には、ANAセールス株式会社が亀田総合病院（千葉県）と提携し、中国人向けに同病院での人間ドックを受診するパッケージ商品を、中国6都市の旅行代理店10社で販売することを発表しました。

温泉大国・日本には古くから「湯治」という、温泉が持つ効果効能を利用して病気を治療する文化があります。そして、世界に誇る最先端の医療技術があります。こういったポテンシャルを持つ日本が、アフターコロナにおけるメディカルツーリズムのトレンドを牽引していくことを期待しています！

7-2 自分と向き合う
「マインドフルネス」の旅

マインドフルネスで日本の「寺泊」が人気

第2部でご紹介した「変容の旅」にも通じますが、「マインドフルネス」も、ウェルネスツーリズムを語る上で欠かせないキーワードのひとつです。

人は、日々の仕事や生活の中で、知らず知らずのうちに身体が緊張状態に置かれています。その緊張状態から力を抜き、リラックスモードへと切り替える営みがマインドフルネスです。

具体的には、頭の中を支配している過去の経験、失敗や先入観にとらわれず、心を「今」に向けた状態にします。「今、この瞬間」の気持ちや身体の状況をあるがままに知覚して受け入れる心のトレーニングです。いわば、目の前の執着を手放すような習慣を身につけることで、脳がぼんやりと休んでいるような、ニュートラルでリラックスした状態になり、次に起こる出来事に備えることができるのです。

アスリートのメンタルトレーニングにも座禅や瞑想の形で採り入れられており、高いパフォーマンスを発揮している選手も多くみられます。ビジネスパーソンにとっては、発想力や創造力を引き出す効果も高まると

言われています。

このマインドフルネスは、仏教の瞑想に由来していることから、外国人の間でも日本の仏教の「禅」の精神に対する関心が高まっています。その流れを受け、江戸時代の寺子屋のリバイバルで、寺に泊まりながら座禅を組んだり写経を書いたり、茶道をたしなむ「寺泊」が、外国人観光客に人気となっています。

この寺泊は、アフターコロナにおけるインバウンドの起爆剤としても期待されています。観光庁も2021年度予算で城泊・寺泊を行う事業者に最大800万円を補助する予算を確保しました。

海外でもブームの「Shinrin-Yoku」

もうひとつ、マインドフルネスの流れを汲み海外でブームになっているのが日本の「森林浴」です。

国土の約3分の2を森林が占める森林大国・日本では、森林浴が旅のカルチャーのひとつとして根付いています。
独立行政法人森林総合研究所が行った森林セラピー実験によると、森

林セラピーが人体のストレス軽減や免疫能向上に効果があることがわかっています。

- 神経系……脳活動や交感・副交感神経活動がリラックスする
- 内分泌系……コルチゾール濃度やアドレナリン濃度が低下しストレスが減少する
- 免疫系……NK（ナチュラルキラー細胞）活性が向上し、1週間から1ヵ月近く効果が持続する

海外では、英語の「Forest Bathing」とともに、日本語の「Shinrin-Yoku」という言葉も浸透しています。今や「Shinrin-Yoku」は「Zen」や「Onsen」と並んで、日本のウェルネス文化を世界に伝える共通語になっています。特に、青森県と秋田県にまたがり東アジア最大級といわれるブナの原生林が生い茂る世界遺産・白神山地は、森林の癒しを求める外国人観光客に人気のスポットです。

身近な自然物のすべて、森羅万象を信仰の対象としてきた日本では、神社を取り囲むように群生する「鎮守の森」など、山や森林などの自然は信仰と分かちがたく結びついています。

「Zen」と並んで、日本のマインドフルネスのカルチャーに、世界中が注目しています。

雑事から離れ、自分と向き合う「シンク・ウィーク」

マイクロソフト創業者のビル・ゲイツは、毎年1週間、オフィスを離れて、自分と向き合う「シンク・ウィーク」を意識的に設けていました。

1995年のシンク・ウィークで、「インターネット」をテーマに選んだゲイツは、インターネットがこれからのビジネスや人々の生活にどんなインパクトを与えるのかを1週間をかけて調べ尽くしました。そのシンク・ウィークから戻って来て、「インターネットの高波」というタイトルのメモを社内に発信し、数か月後にインターネットの新規事業をローンチした逸話はよく知られています。

Facebookを創業したマーク・ザッカーバーグは、「スティーブ・ジョブズに促されたインドへの旅が、後のFacebookの発展に決定的な役割を果たした」と語っています（"Mark Zuckerberg says that visiting an Indian temple at the urging of Steve Jobs helped him stick to Facebook's mission"「INSIDER」2015年9月28日）。

ザッカーバーグはジョブズのアドバイスのもと、インドの寺院を訪れ、ほぼ1ヵ月かけてインド中を旅しました。その寺院は、ジョブズもアップル創業後に、未来のビジョンを思い描いていた頃に訪れていたそうです。その体験を経て、ザッカーバーグは「誰もがより強いつながりを持つことができれば、世界ははるかに良くなるだろう」と感じ、「Facebookがやろうとしていることの重要性を再確認した」と言います。Facebookを世界最大級のテクノロジー企業に押し上げた背景には、ザッカーバーグがインドへの旅を通じて得た発見があったのです。

ゲイツやザッカーバーグのように、あえて日々の仕事や雑事から離れて、自己の内面に向き合ったり、未来を構想する「シンク・ウィーク」をつくることは、時間と心構えさえあれば誰にもできることです。思い切って1週間の休みを取って「シンク・ウィーク」の旅をしてみませんか？

7-3 「がんばらない＝エフォートレス」な
旅のススメ

7割の日本人が「旅」で疲れている？

旅行に関するコンサルティング事業を行う株式会社旅工房が2018年に実施した調査によると、旅行の計画について「手間がかかる、難しいと感じたことがある」と回答した人（「ある」「どちらかといえばある」の合計）が70.5パーセントに上りました。また、その原因について聞いたところ、「情報や選択肢が多いため」（66.7パーセント）、「すぐに好みの情報が見つからないため」（52.5パーセント）の回答が多くを占めたのです。

情報や選択肢に振り回され、旅行の前段階で「計画疲れ」を感じてしまう──そんな、笑うに笑えない日本人トラベラーの実態が明らかにされた格好です。これまでも再三述べてきた「時間消費型トラベル」の典型的な弊害ともいえるでしょう。

もともと幼少期や高校時代をドイツで過ごし、今もドイツやイタリア、フランスなどのヨーロッパを頻繁に行き来する私からみると、わざわざ疲れに行くような日本の旅のスタイルには違和感を覚えます。

日本に在住するあるフランス人女性の次の話は、日本とフランス（を含むヨーロッパ）との「旅」に対するスタンスの違いをよく表しており、深くうなずけます。

確かにフランスの場合、休むなら長く、じっくり、そして大してモノを持っていかない。むしろ、何をするかといった目標があまりないほうがいいとされる。そのため、フランスとイタリアをたったの5日間で回り、お土産をトランクに詰められるだけ詰め込んで帰っていく日本人を、フランス人はとても不思議な人たちだと実は思っている。

（中略）日本人が短時間で無理やり予定を詰め込むのに対して、フランス人は旅行先でする活動を絞る。おカネのかかる活動は制限し、目的地で誰もがやるメジャーな行為（たとえばパリならエッフェル塔に上るとか）はあえてしない。

（レティシヤ・ブセイユ「「日本人の休み方」はフランス人には不思議だ」
東洋経済オンライン／ 2017年8月10日）

決められた期間の中で観光名所を周ったり、ご当地グルメを食べたりする「詰め込み型」の旅行を、フランス人やドイツ人は好みません。それよりもガイドブックに載っていない、直観で「ここで過ごしたい」という

場所に長時間滞在するほうが、むしろ彼らにとってはリラックスできる旅の過ごし方になるのです。

日本人の旅と聞いて、もうひとつ連想されるのは「お土産」でしょう。自分のためならともかく、家族や職場の同僚のためにお土産を買う習慣は、他の国では聞いたことがありません。「職場に何を買っていこうかしら……」と空港や駅の土産物店で一生懸命お土産を物色し、長蛇の列に並ぶのも、「疲れる旅」を助長する一因ではないでしょうか？

「何もしない旅」で五感を磨く

「エフォートレス（effortless）」という言葉があります。「努力を必要としない、無理のない、肩肘張らない」という意味から、ファッションの世界では「肩の力を抜いた（抜け感のある）カジュアルスタイル」のことを指しますが、日本人の旅へのスタンスでも、まさにこの「エフォートレス」が求められるのではないでしょうか。

フランス人の旅のスタイルには「エフォートレス」のヒントがあります。前述したように、フランス人はさまざまな観光名所を周るような旅は好

みません。最低1週間のバカンスを使って別荘やジット（Gîtes）と言われるアパートを借り、一つの場所で過ごす滞在型の旅が彼らのスタイルです。「何かをする」という目的は持たず、ただただ暮らすように旅をします。

日本人の中にもこの「エフォートレス」な旅のスタイルは一部で浸透してきており、ハワイ島やインド洋の島々のような美しい海があるリゾート地に赴き、日本と同じような生活をそのまま旅先でも行う日本人が増えています。コンドミニアムやセカンドハウス、リゾートマンションも売れているようです。
ただ、何もハワイに行かなくても、日本でも「エフォートレス」な旅の体験は実現できます。

私が体験したところでは、京都・丹後半島の港町、伊根町を訪れた時は、時間が止まっているかのような静けさを感じました。伊根湾の港町である伊根町は、海の上に建っている家屋「舟屋」に象徴されるように、海が生活の一部。町のすべてが「漁師時間」で動いています。海が荒れていて、漁師が海に出られなかったら、食事処もすべて店を閉めてしまうのです。自然と共生する伊根町の原始的な暮らしは、「何もしない」こ

とも時には大切だということを私たちに教えてくれるかのようです。

「何もしない」という意味では、山口県は瀬戸内海の大津島にある「小屋場　只只」という旅館で過ごしたのも特別な体験でした。宿泊は1日1組限定の、小さな平屋の旅館。ほぼ島を貸切という状態で、唯一の移動手段である自転車にまたがり、島の中をあてもなく探検します。

旅だからといって「何かしなくては」とスケジュールを埋めようとする必要はありません。あえて「何もしない」に徹することで、心身がバカンスモードに切り替わり、本当の癒しが得られます。また、鳥や虫の声、風の音、草花の匂いに気づき、五感が研ぎ澄まされるのです。

第8章　芸術×旅

モネの光へのこだわりに浸る「睡蓮の部屋」

旅と芸術は、とても相性のよい組み合わせです。旅という非日常な環境にいるからこそ、五感を開放させながら芸術鑑賞に浸ることができ、長引く自粛生活で閉じてしまった五感に染み渡るように感動が広がっていきます。

私が好きな絵画鑑賞の旅を、ひとつお届けします。
世界中の天才芸術家たちを生み出し、惹きつけてきた芸術の都・パリ。
このパリの街を「印象派」の視点で歩いてみましょう。

印象派は1860年代半ばにフランスで始まった芸術運動で、描くものの輪郭や色ではなく、描く対象の周りの光や空気感をとらえようとした手法です。その発端となったのは、1874年から1886年にかけて、当時無名だったモネ、セザンヌ、ルノワール、ドガらが私的に立ち上がり開催したグループ展です。
現実をあるがままに再現する「写実主義」が主流だった当時、光の描写や空気感といったニュアンスを描こうとする印象派の作風は非難の的となっていました。しかし、保守的な美術論壇にとらわれない一般大衆

の支持を徐々につかみ、発展していきます。私も、季節や時間による光の映り方や発色の変化、朝の透き通った空気感などの微妙なニュアンスをまさに「五感」で伝えようとする印象派の絵のほうが、はるかに味があって好きです。

この「印象派」を代表する巨匠・モネの世界観にどっぷりはまる2つの美術館を、今日は巡ってみます。「マルモッタン美術館」と「オランジュリー美術館」。周るのは絶対にこの順です！

モネは、50歳の時にノルマンディー地域圏の南部に位置する街、ジヴェルニーの家の庭で、かの「睡蓮」を描いてブレークしました。以降、亡くなるまでずっと睡蓮だけを描き続けるのですが、自らの白内障との闘いの中で、作風にも少しずつ変化がみられます。「印象派の父」とも称される彼にとっては、光の差し込みの映り方を感性で描くことは、日に日に厳しくなっていく老いとの闘いでもあったのです。それが意地となり、微妙に作風にも表れています。

マルモッタン美術館では、このような巨匠モネの数々の作品を鑑賞することができますが、最後の集大成の作品は、もうひとつのオランジュ

リー美術館に展示されています。したがって、この順番で観ないことには、モネの作風の変遷や、その歴史的背景を読み取ることはできません。

オランジュリー美術館で驚かされるのは、モネの光へのこだわりを正確に伝えるために、わざわざ改装工事し、壁一面を真っ白にした「睡蓮の部屋」を作ってしまったこと。この部屋に入ると、何とも感動的な衝撃が全身を貫きます。中央のソファーは低く配置され、あたかも自らが蓮池の中にいるような視点で鑑賞できるように設えられているのです——まさに圧巻!

時代背景、作風、美術館のコンセプト——このオランジュリー美術館でモネの作品に触れることで、さまざまな角度から芸術鑑賞ができるのです。

アーティストが絵を「切り売り」する?

冒頭にモネの例を挙げたので、アートの世界は一見難解で敷居が高いように思う方もいるかもしれません。

しかし、アートには「正解」がありません。実は寛容な、懐の深い世界でもあるのです。五感を活性化させながら自分なりの「正解」を見つける楽しさが、アートの魅力でもあります。

ニューヨークの街の壁面に描かれるパブリックアートは、ストリートの"落描き"がアートへと昇華した一例でしょう。ソーホーからほど近い場所にある横幅約26メートル、高さ約6メートルの「バワリーミューラル」と呼ばれる壁は、キース・ヘリングやバンクシーなど名だたるアーティストが作品を発表した"レガシー"と称される場所です。2019年にはそのバワリーミューラルに、日本人アーティストの松山智一氏がパブリックアートを発表しました。

同じ2019年には、日本人アーティストの奈良美智氏の作品「ナイフ・ビハインド・バック」が、香港で開かれたサザビーズのオークションで、同氏の作品としては史上最高額となる2490万ドル（約27億円）で落札されたことが話題となりました。
そのことをきっかけに、奈良氏がマンハッタン南東部のイーストビレッジにある行きつけのバーの壁にフェルトペンで描いた絵が、美術関係者に注目されるようになったそうです。CNNは、サザビーズの担当者の

「私の推定では、恐らく数十万ドルの価値がありそうだ」とのコメントを伝えています。

同じくニューヨークに在住するアーティストで、壁にアートを描き、それを壊して販売している人がいます。大きさや描かれているものによって価格を付けて「切り売り」しているのです！このくらいアートは自由で、観る人がアートと思えばアートなのです。

「街角アート散歩」のススメ

子どもの頃のノスタルジックな風景の記憶が残る街。あの名作のモデルになった街。芸術家がアトリエを構えた街。映画の１シーンを通じて強い印象を植え付けられた街――人それぞれに、自分なりの特別な「アート」を感じる街や場所があるのではないでしょうか？

たとえば、私が好きな街のひとつに、19世紀末から20世紀初頭の、芸術運動が盛んだった頃の、パリのモンマルトルの丘があります。

バルセロナやマドリッドで美術を学んだパブロ・ピカソがモンマルトル

にやってきた頃、彼はすでに「青の時代」「赤の時代」「アヴィニョンの娘たち」を完成させ、天才的直観の画家として注目をされていました。その時代のモンマルトルは、ピカソの他にも貧しくも大志を抱いた若き芸術家たちが集い、熱気に満ちていました。ユトリロ、モディリアーニ、ルソー……若き日の彼らがアトリエを構えたアパート「洗濯船」や「エミール・グドー広場」など、その時代を彷彿とさせる場所が今でも現存し、当時の熱気を私たちに伝えてくれます。

そのモンマルトルを訪れると、現代においても真剣なまなざしでキャンバスに向かっている人、街角で演奏するストリートミュージシャン、工事中の壁やシャッターに描かれた芸術作品の複写など、至るところに芸術を愛してやまない街の表情を見つけることができます。若き日のピカソたちの熱気が、この地には今もなお息づいているのです。

また、街の風景を描いた多くの名作があるように、街の風景は常にアートの対象でもあります。街を散策することもひとつのアート体験と言ってもいいでしょう。
朝の時間帯と、夕方から夜にかけて街の灯りとともに表情が変化する時間帯とでは随分と街の様相は違います。この空気感や変化を楽しん

だり、ハッとするようなアートに出会うのも街角アート散策の醍醐味です。

地理的な記号にすぎない「場所」を、歴史の記憶と季節、陽の光などが複合的に作用することで、エモーショナルで人間的な空間へと変わる。それこそがアートの魔術なのです。

五感をめいっぱい開放させ、自分だけのアートを見つける。街角アート散策へ出かけてみませんか?

最新のテクノロジーが芸術鑑賞の可能性を広げる

アートの世界でも、テクノロジーの進化が、時空を超えた新たな発見を私たちにもたらしてくれます。

江戸時代中期の画家、伊藤若冲の代表作「孔雀鳳凰図」。2億画素の超高性能カメラで画像分析を行ったところ、意外な事実が判明しました。どの孔雀の羽根にも、下絵の輪郭線が存在しなかったのです。
肌色の絹地の上に下絵も描かず、白一色の細い線で孔雀の羽根を直接

描いている。その線は細かいところで0.2ミリほどの繊細さ。しかも、描き直しは一ヵ所も見当たりませんでした。絹目の繊維まで捉える最新の光学技術が、若冲の人間離れした業を明らかにしました。

若冲のもう一つの代表作「南天雄鶏図」。赤い南天を描くのに、若冲は一種類の顔料しか用いていないのですが、一つひとつの実が違った色に見えます。
これをX線カメラで撮影すると、顔料の厚みで南天の色に濃淡を与えていることがわかりました。肉眼では捉えられないほどの厚みを一粒一粒微妙に変え、絹地の透け具合に変化を与えることで色彩の豊かさを生み出す。若冲のこだわりを、ここでも最新のテクノロジーが現代に伝えてくれたのです。

日本人なら誰もが見たことがある、葛飾北斎の「富嶽三十六景」のひとつ「神奈川沖浪裏」。この北斎が描いた波と、最新の4Kハイスピードカメラで撮影した実際の波とを比較すると、その波の上がる角度やうねり、しぶきが驚くほど酷似していることがわかりました。
北斎の動体視力は4Kハイスピードカメラにも匹敵するのか。それとも、北斎の創造力や表現力が、見えていないものを補うほどのものなのか

……?

このように、最新のテクノロジーは日本の、そして世界のアートの持つ知られざる価値や作者のこだわりを明らかにし、アートを楽しむ新しい視点を現代の私たちに与えてくれます。実際に美術館に行ってその目で確かめるのもいいですし、最近ではiPadを使って自宅でも気軽にアートを楽しむこともできます。テクノロジーが、「アートの旅」を身近にしてくれるのです。

美術館に泊まれる?アートホテル

世界には、ギャラリーが併設されていたり、客室そのものがアート空間だったり、ユニークな「美術館のようなホテル」が存在します。

アメリカの「21世紀ミュージアムホテル」は、ギャラリーが併設された美術館のようなホテル。客室をはじめ廊下、ラウンジ、レストランなどにアート作品が常時展示されており、本当に美術館に泊まっているような気分を味わえます。

スペインのマドリードから飛行機で1時間ほどのリゾート地、イビサ島のサンアントニオ湾にある「パラディーゾ・イビサ・アート・ホテル」は、キャンディーカラーで外観や内装が統一されたなんともフォトジェニックなホテル。館内もカラフルに彩られており、80年代を代表するデザイン集団・メンフィスを思わせる家具にも遊び心をくすぐられます。アートギャラリーも併設されており、隅々までアートに浸ることができます。

創業1928年の伝統を持つ「ル・ロワイヤル・モンソー」。2010年、世界的な建築デザイナー、フィリップ・スタルクによって「ル・ロワイヤル・モンソー・ラッフルズ・パリ」として大胆に生まれ変わりました。エントランスから館内のインテリア、家具の一つひとつにいたるまで、巨匠・スタルクのコンテンポラリーアートの世界が体現されています。パブリックスペースにはさまざまなインスタレーションアートが置かれ、ホテル全体がまるでアートギャラリーのよう。2013年にはパリで6軒しかない、五つ星のさらに上を行く「パラス」の称号を与えられています。

日本にも、温泉のある保養地から都心のホテルまで、泊まりながら芸術に浸れるアートホテルがあります。
栃木県那須塩原市の「板室温泉　大黒屋」。「保養とアートの宿」をコン

セプトに掲げ、敷地内には美術館とギャラリーが併設されています。中でも「倉庫美術館」というユニークな名前の美術館は、「もの派」を代表する現代美術作家・菅木志雄の作品を常時約300点展示しています。他にも毎月異なる作家の展覧会を開催する「大黒屋サロン」、旅館が支援する作家の作品を展示する「しえんギャラリー」など。千年の歴史を誇る湯治場・板室温泉の湯を満喫しながら、さまざまな作品に触れることができます。また、創業525年を超える修善寺の「あさば」は、能舞台を構え、1万坪の敷地内に日本の美しい景色、調度品を配置し、まさに花鳥風月の極みを実現、フランスの協会組織「ルレ・エ・シャトー」にも選ばれ、世界中からファンが訪れる日本を代表する宿です。

また2024年、アート・ディスティネーションのホテルとして飛騨高山にホテルと美術館（飛騨高山美術館）が融合した会員制アートホテルが計画されています。アートをコンセプトとした体験型リゾートが飛騨高山の丘の上に建つ。まさに古代ギリシャの美のアクロポリスの誕生です。

宿泊とアートが融合したアートホテル。日常に非日常が入り交じったような、刺激的なアート体験が得られることでしょう！

寺泊・城泊も"アートホテル"

外国人観光客の間では、日本の古民家での宿泊体験が人気です。彼らにとっては日本家屋の持つエイジングした風合い、柱や梁、障子、畳の部屋などもまた、日本の美を感じられる「アート」なのです。

近年では、城や寺をインバウンド向けに宿泊施設として提供する「城泊」「寺泊」も人気コンテンツです。かつては僧侶や参拝者のみが宿泊を許されていた宿坊（寺・神社の宿泊施設）も、近年では一般の観光客に開放されつつあります。

宿坊の一例を挙げると、大阪府の「和空 下寺町」は、「写経」「坐禅」などの修行体験や、「茶道」「お香」など和文化のアクティビティを含む宿坊体験ができる施設です。これもまた、日本の伝統的な芸術・文化に浸れる"アートホテル"です！

日本の城や寺、古民家には、「観る文化財」だけではない「使う文化財」としての魅力が備わっています。宿泊し、生活してみることで、その伝統美をより深く理解することができるのです。

建物だけでなく、家具や什器などの調度品にも、日本の「使う文化財」

の芸術性が表れています。日本を代表する漆器の輪島塗には「輪島の漆器は職人がつくり、使う人が育てる」との言い伝えがあります。使い込むごとに漆の艶が増していき、3年使い込めば「使い艶」と呼ばれる、潤いと深みをあわせ持った独特の艶が生まれます。輪島漆器の美しさは、まさに使う人の手が育む芸術!

泊まりながら、生活しながらアート×文化体験に浸る——日本の城や寺、古民家は「究極のアートホテル」なのです!

「問い」が与えられない時代に求められる「アート思考」

この「芸術×旅」の締めくくりとして、ビジネスパーソンにとってこれから求められる「アート思考」の話にも触れておきます。

アフターコロナ時代の複雑化する「問い」が与えられない時代には、既存の価値をブラッシュアップしていく能力ではなく、新たな価値を創造し提示する起業家的な能力が求められます。
そして第1部でも述べましたが、新しい価値を創造するのには「感性思考」、つまり直感的な右脳型思考=アート思考が重視されます。この感

性思考と、データや論理による左脳型思考のバランスをうまく取りながら、相互に作用させて意思決定していくことが、これからのビジネスパーソンには求められます。

テクノロジー重視の世界ではSTEM（科学・技術・工学・数学）の知識を習得した人材が重視されてきましたが、今後、ソフトウエア開発やコーディングが自動化の道を歩む過程で、多くの職種でエンジニアは必要とされなくなっていきます。ビジネスモデルが一夜にして崩れ、新たなライバルが突然現れる今の時代、データや合理性だけに頼るのは極めて危険です。

ビジネスの根本は、人間の「モチベーション」や「エキサイティング」の性質を正しく理解し、ウォンツやニーズに対応すること。その点で、近年ではデータベースにもとづく感情分析アルゴリズムの研究も進化していますが、テクノロジーだけに頼っていては真のウォンツやニーズを把握することはできません。人文科学やアートの分野からもヒントを得て、ロジックではなく直観で「人の心理」を把握する感性を、これからのビジネスパーソンは身につける必要があるのです。

そのような問題意識のもと、右脳力（直感的、創造的、感性）を上げるために「アート」を学ぶ起業家や経営者が増えています。イギリスのロイヤルカレッジオブアート（RCA：修士号・博士号を授与できる世界で唯一の美術系大学院大学）をはじめとするアートスクールや美術系大学が開講するエグゼクティブトレーニングに、多くのグローバル企業が幹部候補を送り込んでいるのはその一例です。

しかし、「アート思考」を身につけるのに、何もアートスクールに通ったり分厚い芸術の教科書を買ったりする必要はありません。
その理由は、ここまで来ればもうおわかりでしょう……そうです、旅です！

旅のプランに芸術鑑賞を組み合わせる。あるいは「街角アート散策」で街中に身近なアートを探す。五感をフル活用させながら、あなただけのアート体験を、旅を通じて実践してみてください！

アフターコロナは、これまでの価値観や常識が「ゼロリセット」される時代。旅においても、従来の常識を超えた新しいスタイルがどんどん生まれています。

また、ワークスタイルそのものが大きく変わったことも、旅のスタイルに多様性をもたらしています。もはや「旅＝余暇」だけでなく、旅と仕事はシームレスにつながりつつあるのです。

空港やホテルにおいても、従来の「空港＝通過する場所」「ホテル＝宿泊する場所」の機能的な価値を超越した、新たな体験価値を創造する事例が世界中に生まれています。もはや、空港やホテルそのものが旅の目的になるくらいの、極上のエンタメ空間がそこにはあります。

従来の旅の常識にとらわれず、自由な旅の可能性を私たちにもたらしてくれる事例を、この第4部ではご紹介します。

第9章 仕事×旅
9-1 仕事と旅をシームレスに楽しもう

ビジネスリーダーのニュートレンド「ブレジャー」

ある不動産会社からの依頼で、民泊事業のカスタマーサポートセンターを運営していたことがあります。当時はインバウンド需要が盛り上がってきている時期で、中国を筆頭にタイやベトナムなどからも多くの観光客が、日本の民家での宿泊体験を楽しんでいました。

その時に気づいたのですが、民泊を利用する外国人の中に、ビジネスで日本を訪れている人が少なからずいたのです。彼らは新宿のパーク・ハイアット東京のような高級ホテルを宿泊の拠点にしながら、日本企業との都内での商談などの合間に、少し足を延ばして鎌倉や日光を訪れ、日本家屋の畳の部屋に泊まるといった観光体験を、仕事の中に上手に組み合わせていました。

普段なら足を運ばない場所や観光地を訪れる行程を出張にプラスするだけで、ビジネスでの接点だけではとうてい経験できなかった、新たな街の魅力探しができます。このように、ビジネスと休暇を明確に区分せずに、ビジネスの合間やその前後で休暇を取得し、観光を楽しむ旅

行スタイルは、コロナ以前からその傾向がみられていました。

出張の前後に休日をプラスしてゆっくり休暇をとる。家族やパートナーを呼んでともに休暇を過ごす。これが今、世界のビジネスリーダーの休暇スタイルの新たな主流になりつつあります。この流れはブレジャー（Business＋leisure）、またはブラグジュアリー（Business＋luxury）と呼ばれます。

「仕事×旅」のバリエーションが広がった

その後、長期にわたるコロナ禍を経て、ビジネスパーソンのワークスタイルは大きく変化しました。リモートワークが一気に普及し、「パソコンとWi-Fi環境さえあれば場所を選ばずどこでも仕事ができる」ことに誰もが気づくところとなりました。

ワークスタイルの変化は、組織における「管理」の概念をも変えようとしています。これまではオフィスという「箱」ありきで、会社に来ているか、席に座っているかをチェックするのが管理職の仕事、という側面もありました。

ところが、そのオフィスという「箱」が必須でなくなった今日では、「会社に来ているか」から「仕事で成果を挙げているか」に、評価の基準も大きくシフトしようとしています。定年まで勤めあげることが評価の前提だった「メンバーシップ型雇用」から、そのポストを全うする上で必要な経験やスキルが重視される「ジョブ型雇用」への移行も、これからは加速していくでしょう。

これらの「オフィスを前提としない働き方」へのシフトの動きが、仕事の中に「旅」を採り入れる多くの選択肢を与えてくれることは間違いありません。観光地のホテルで仕事する「ワーケーション」、地方にセカンドハウスを購入して都市部と行き来する「二拠点居住」――仕事と旅がシームレスになり、さまざまな形で仕事と旅を組み合わせるバリエーションが広がったのです。

「旅のスタイルの変容（トランスフォーメーション）」が本書のテーマですが、ブレジャーやワーケーションに代表される「仕事×旅」のバリエーションの広がりは、まさにそのことを象徴する動きといえます。

旅と仕事が融合した「ワーケーション」

コロナ禍によって「オフィスを前提としない働き方」の新たな選択肢として市民権を得たのが「ワーケーション」でしょう。

旅行を兼ねて一週間地方に滞在するスタイルから、二拠点居住のデュアルライフのスタイルまで――さまざまなバリエーションの中から、個人の価値観や仕事の特性、予算に適したワーケーションのスタイルを選択することが可能になっています。

ワーケーションは、地方創生の新たな切り札としても注目されています。都心への一極集中のリスクはコロナ以前から指摘され、政府も地方創生の旗を一生懸命振っていましたが、大きなメインストリームにはなりませんでした。これまでは「地方への移住」という選択しかなく、個人にとっては大きなハードルを伴うものだったからです。

ところが、ワーケーションのスタイルは「都心か地方か」の二者択一を迫るものではなく「都心も地方も」を可能にしました。現在の生活環境を変えることなく、自分のスタイルに合わせて気軽に「地方で働く(住む)」ことをチョイスできるようになったのです。

このワーケーション需要の拡大を見込んで、各地方ではシェアオフィスやサブスクホテルなどの新たなサービスが拡充しています。簡単に自分だけのワークスペースを設置できる小屋型の「タイニーハウス」もさまざまな種類が登場しています。「ワーケーション自治体協議会」や「一般社団法人ワーケーション協会」などの推進団体も発足しています。

まさに官民の双方でワーケーションブームが過熱している状況ですが、それでも社会全体から見るとまだ大きなムーブメントになっているとはいえません。個人個人が自分に適したワーケーションスタイルを模索する「社会実験」のフェーズといえるでしょう。

リアル出張が貴重な旅のチャンスになる

「新しいワークスタイルの定着」という動きを別の側面から見ると、リモートワークやオンラインミーティングが主流となったからこそ、リアルで行く出張がますます貴重になっていきます。同時に、それはブレジャーを採り入れる絶好のチャンスにもなります。

たとえば、ベトナム出張なら、ホーチミンを拠点にもう2、3ヵ国巡って

みる。ロサンゼルス出張なら同じカリフォルニア州のサンディエゴまで足をのばして、カリフォルニア随一のビーチを満喫する。アフターコロナで移動の制約がなくなれば、こういったブレジャーを自由に楽しむ動きが加速することも予想されます。

私自身の話をすると、商談でアメリカとアジアを訪れる際は必ず2、3日前には現地入りして、その後ろも1日確保します。そして、アメリカ出張であればMLBのボストン・レッドソックスの試合を観戦します。
また、イタリアやフランスなどヨーロッパを訪れる際は、あえてフィンランドのヘルシンキ・ヴァンター国際空港をトランジットで使用します。日本からは9時間ちょっとのフライトで到着するヘルシンキは、空港も小さくイミグレーションの手間も少ないので意外な"穴場"なのです。
ヘルシンキに1日滞在し、街中で北欧デザインの美しさを体感したり、サウナを体験したり。冬場は奇跡的にタイミングが合えば、オーロラを観に行くこともあります。ちょっと旅気分を満喫して、空港に戻り、3、4時間ほど飛行機に乗ればイタリアに入ることができます。

意識的に休暇を取って計画を立てる旅と異なり、仕事や出張に絡めて旅を満喫するブレジャーこそ、自分の「旅力」が問われます。与えられた

時間や場所の制約の中で、いかに旅の体験を最大化できるか?ブレジャーは自分自身のクリエイティビティを鍛え、発揮するチャンスでもあるのです!

9-2 トランジットタイム・イズ・マネー

「トランジットタイム＝待ち時間」ではなくなった

空港＝旅行のために通過する場所。
トランジットタイム＝乗り換えのための待ち時間。

多くの人にとって、空港で過ごす時間に対するイメージはあまりよくないものでしょう。しかし、果たして本当にそうなのでしょうか？

空港での待ち時間も、工夫やアイデア次第で、楽しい旅の体験に生まれ変わります。五感を研ぎ澄ませて空港を歩くとさまざまな発見が得られます。トランジットもまた「旅力」を発揮するチャンスなのです。

チューリッヒ空港（スイス）、マドリード＝バラハス空港（スペイン）など、海外には外観デザインの美しさに魅了される空港が数多くあります。
外観だけでなく、トム・ハンクスが主役を演じる映画「ターミナル」の、空港を行き交う荷物やカートの演出に魅了されるように、さまざまなエアラインのCAやグランドホステスの空港内を颯爽と歩く動き、ローカルの空港などで遭遇する反転フラップの案内表示板の音のパタパタとい

う何とも心地よい響きなど、「空港の脇役」に私はいつも惹きつけられます。国によって特徴のある、ピクトグラムを使ったユニバーサルデザインにも目を引かれます。

最近では、アジアの空港も洗練されており、仁川国際空港（韓国）、チャンギ空港（シンガポール）、スワンナブーム国際空港（タイ）に代表されますが、機能的でデザイン性が高く、整備やショップのクオリティも高い空港が増えてきました。一方で、アメリカの空港は広大なため、9.11の同時多発テロ以降はセキュリティ強化のため航空会社別にターミナルが分かれているところが多くなりました。仕方ないのですがトランジットの楽しみは半減しました。

対して、日本の空港はどうでしょう。安全度、治安の良さ、トイレの清潔度において、日本の空港は群を抜いて世界一です。白タクやメーターを倒さないタクシーがいない安心感もあります。反面、やや生真面目でワクワクするような楽しみは少ないかもしれません。

このように、各国の玄関口である空港には、その国の「お国柄」がデザインや設備など随所に反映されます。五感のアンテナと工夫次第で、世界

の空港は自分なりのエンターテインメント空間になるのです。

ビール醸造所にカジノ、美術館…空港はもはやエンタメ空間

世界には、「通過する場所」にはもったいない、むしろそれ自体を旅の土産話にしたいくらいの、ユニークな空港が数多くあります。

ドバイ国際空港（アラブ首長国連邦）は非常に巨大な空港ですが、その空港内の時計はすべてロレックス製で、ゴージャス＆正確！
空港ではなんと宝くじも販売されています。景品はマクラーレン、ポルシェなど高級車！思わず胸が高鳴ります。当選確率1000分の１と、日本の宝くじと比較すると格段に高確率なので、なんだか当たりそうな気にさせてくれます。でもドバイ国際空港のトランジットは時間との戦いなので夢中になりすぎないように……。

世界の航空・空港の格付け調査を行うスカイトラックス社が実施する「ワールド・エアポート・アワード」でもトップ10の常連、ミュンヘン国際空港（ドイツ）。そのターミナルには、ビールの醸造所「エアブロイ」があり、ミュンヘンらしさを演出してくれます。空港に到着したらまず一杯！

が楽しみのひとつです。

アムステルダム・スキポール空港（オランダ）は、空港内にカジノがあることにも驚きますが、フェルメールやレンブラントの作品が覗けるアムステルダム国立美術館の別館もあります。
他にもラスベガスのマッカラン空港（アメリカ）のスロットマシーンはワンベットもハイレート。フランクフルト空港（ドイツ）にはルーレットやブラックジャックまで。カジノや美術館、映画館、温泉──もはやエンタメ空間！

さらに、仁川国際空港（韓国）では、空港近くの観光スポットを周遊できる「無料トランジットツアー」まで用意しています。1時間コースから5時間コースまで9種類あり、時間を持て余すだけで憂鬱なトランジットを最大限満喫できるよう配慮されています。

世界の空港は、退屈なトランジットを「トランジットこそが楽しみ」という新しい体験価値へと転換しているのです。

30分でフルコースが味わえる「空港の三ツ星イタリアン」

空港は、気軽に、かつリーズナブルにラグジュアリーを楽しむことができる絶好の「ラグカジュスポット」でもあります。

私がお薦めしたいのは、ローマ・フェウミチーノ空港（イタリア）。通称「レオナルド・ダ・ヴィンチ国際空港」と呼ばれる空港内にある「アッティミ・バイ・ハインツ・ベック」です。

イタリア料理界の革命児とも称される三ツ星シェフ、ハインツ・ベックの至高の料理を堪能できるこのお店のユニークな特徴は、空港の滞在時間に合わせて「30分」「60分」の2種類の「短時間フルコース」を選べるのです。

これなら、慌ただしいトランジットの合間でも、極上のイタリアンを味わうことができます。店内にはフライト情報の掲示板もあるなど、旅行客への心憎いまでの配慮が施されています。テーブルに置かれる大きな砂時計も、ちょっとした粋な演出ですね。

トランジットの限られた時間でも、使い方次第でラグジュアリーな体験ができる。このような空港での過ごし方も、旅の体験価値をワンランク押し上げてくれます。

「エキシューマー」の発想で空港が新たな商業施設に生まれ変わる!

駅ビルやエキナカなど、駅で商品を消費する人々を指す「エキシューマー」という言葉があります。

一時期はコロナの影響もありましたが、JRグループの「ルミネ」「アトレ」を筆頭に、首都圏を中心にターミナル駅ビルや駅改札内の商業施設開発は増加傾向にあります。それは、日常の移動シーンの中にある駅の利便性と衝動性がビッグマーケットを形成しているからです。

この「エキシューマー」の発想を、空港に置き換えてみましょう。

旅先に向かう期待感。旅の思い出とともに戻ってきた時の高揚感。旅客や空港スタッフがせわしなく行き交う風景。このような非日常感が演出されるのが、空港という空間です。そこに加えて、時間が制限されていることで、衝動的な購買意欲をかきたてられやすい状況に置かれてい

ます。

マーケティング視点から見ると、トランジットにおいてはこのような「高揚感」×「限られた時間」のかけ算によって購買意欲が刺激されやすいという利用者心理を捉え、「マチナカ」とは違う非計画性や衝動性に仕掛ける必要があります。先述したフェウミチーノ空港の「アッティミ・バイ・ハインツ・ベック」はまさに、この「高揚感」×「限られた時間」で空港利用者の心理を突いた好例といえるでしょう。

あくまで行動は「何となく」や「ついフラッと」という動機が多くを占めますが、このインサイトについてはさらに掘り下げる余地があります。

2017年、国際航空運送協会（IATA）は「2036年には、世界の航空旅客は78億人に倍増する」との予測を発表しました。

その後、よもやのコロナの影響で、2017年の時点では考えられないほどに世界の航空需要は大きく減少しました。しかし、同じIATAが2021年5月に発表した最新の需要予測によると世界の航空旅客は、2021年は2019年比で52パーセントに減少するものの、2023年には105パーセントと、コロナ以前の水準に回復するとしています。アフターコロナでは、必ず航空需要が回復し、再び拡大に転じるでしょう。

そのチャンスを捉え、「エキシューマー」の発想を採り入れれば、空港・トランジットの消費マーケットは拡大のポテンシャルを秘めています。空港という「箱」が、新たな商業施設へと発展する大きなチャンスに恵まれているのです。

——Transit Time is Money！

第10章　ホテル×旅

「ホテル＝宿泊」は、もう古い？

ホテル事業の始まりは中世ヨーロッパ、巡礼や旅行者たちを休ませた宿泊施設「ホスピス」だとされています。そのホスピスの文化が1000年以上の時を経て現代に続いており、その提供する価値は日々進化を遂げ、従来の「旅先で宿泊する施設」を超えた格別の体験を私たちに提供してくれます。そのホテル体験自体を目的に旅行に出る人も、決して少なくはないのです。

そんな「ホテルそのものが旅の目的」となる、ホテルの最新トレンドをご紹介します。

一つ目は、まったく新しい形態の「『ショールーム』としてのホテル」です。家具、インテリア、食器、文房具、アート作品に至るまで、ホテルという「生活」の中で実際に触れ、体感してもらい、気に入ったものがあればその場で購入できるのが「体験型ショールーム」ホテルの特徴です。

ホテルで生活しながら家具や日用品、アート作品に触れることで、「思っていたイメージと違った」「使い心地が好みでない」などの購入後のミスマッチを防ぐことができ、さらに自分の好みの枠を超えた「新たなお気に入り」にも出会うことができるというわけです。消費者の生活に寄

り添ったまったく新感覚の提案方法です。

最初に紹介するのは、デンマーク・コペンハーゲンのホテル「オード (THE AUDO)」。アート作品やインテリアデザインから生まれるインスピレーションや、アイデア、人とのつながりをつくることを目指した、カフェ、ショップ、ライブラリー、ホテル、レストランを備えた複合施設としての「体験型ショールーム」ホテルです。
デンマーク王室御用達のデザインブランド「メニュー」の製品を中心に、文房具、食器などさまざまなブランドのインテリア、備品、さらには彫刻という日々の生活に心豊かな潤いを与えるアート作品も、季節ごとに展示。館内にあるこれらすべてのアイテムを買うことができます。ラテン語「Ab Uno Disce Omnes(1つからすべてを学ぶ)」を省略したホテル名のとおり、「人々が、経験や知識を共有する場」というのが、このホテルのあり方となっています。

ニューヨークのアーバンモダンなインテリアブランド「ウェストエルム」も、「ラグジュアリーな空間をリーズナブルなプライス」というブランドコンセプトを基に、五感に訴える「体験型ショールーム」としてホテルビジネスに参入しました。ウェストエルムでは、ホテルを宿泊施設というより

は「顧客とブランドが出会う新たな接点」と位置づけています。

新感覚!「体験型ショールーム」ホテル

「体験型ショールーム」ホテルのムーブメントは、民泊にも広がっています。民泊体験サービスを提供するAirbnbでは、ゲストが使用したアイテムをホストから購入できる宿泊施設が増えてきています。アメリカ・カリフォルニア州で世界中のデザイナーの家具や雑貨などを販売する「GARDE」は、自社で運営するアパート「GARDE HOUSE」をAirbnbで利用できる宿泊サービスを展開しています。気に入ったカトラリー、照明器具などがあれば1階のショップで購入することができます。

そして日本でも、「体験型ショールーム」ホテルの波が来ています。新潟の温泉旅館「里山十帖」が旅館内に開いたライフスタイル提案ショップ「THEMA craft & products」では、家具を中心にテーブルウェアや食品などを販売しています。購入金額により宿泊料金が割引となるプランもあり、宿泊して温泉と美味しい食事を楽しみながらじっくりと家具選びができる楽しみがあります。

自分のライフスタイルでは出会うことのない新しい日用品から、使い心地の良いアメニティ、自分の価値観やセンスでは選ばないであろう家具に至るまで——ホテルは今や「新しい体験とのセレンディピティの出会い」を演出するショールームであり、美術館でもあるのです。

「ホテル＝宿泊」という固定観念を壊し、「出会いを創出する場」という新たなあり方を追求する視点は、業界における差別化はもとより、大きな付加価値を生み出すチャンスになる!

ホテルを「所有」するぜいたく

次にフォーカスするのは、「ホテルを『所有』する」という新たなトレンドです。

便利さや手軽さ、コストパフォーマンスを求める人が増え、何でも「シェアの時代」と言われるようになりました。個人が部屋・家を貸し出す民泊サービスのAirbnb、乗り物ならUber、カーシェアリングなど、個人の所有する有形、無形の資産を他人とシェアするサービスの市場は、平成30年時点で1兆4547億円(経済産業省調査)、今後も拡大するとの予測も

あります。「必要な時に必要なものを、自分の都合に合わせて活用する」ことは、もはや現代人のスマートライフの基本ともいえます。

その一方で、マイホームやマイカーに代表される「モノを所有する豊かさ」を象徴する言葉を耳にする機会が、なんだか減った気がしませんか?

シェアエコノミーの発展に伴い、一見、人々の所有欲が薄くなったように感じられますが、実は半面、「コト」に対する新たな「所有」の意識が生まれているのです。たとえば、車好きな人は、自分の快適な移動、居心地の良さを大切にし、自分の車の鍵を必ず持ちたいと願うことでしょう。それと同様に、ラグジュアリーホテルの上質な空間、特別感を日常に取り入れたいという「コト所有」へのこだわりが強まっているのです。

第7章「ウェルネス×旅」でもご紹介した、世界的なラグジュアリーリゾートの最高峰「アマン・リゾート」が手がける三重県伊勢志摩のリゾート「アマネム」。モダンな美しさと、日本の古民家に着想を得た伝統が融合した、隠れ家的ヴィラ。これが、なんと購入できるのです!

マンハッタンの最高級レジデンス「ワン57」では、「パーク・ハイアットホテル」のきめ細かなサービスを受けることができます。25階以下はホテル、最高層までの高層フロアはすべてレジデンスで、"眠らない街"ニューヨークの夜景も存分に楽しめます。

他にも、「フォーシーズンズ」「リッツカールトン」などの高級ホテルブランドの名を冠した、隣接するホテルのサービスが受けられるレジデンスは世界中で増えています。日本でもかの帝国ホテルがサービスアパートメントサービスを始めたのが話題になったほか、ブルガリが手がけるラグジュアリーホテル「ブルガリレジデンス」も2023年に東京でオープン予定です。

実は、レジデンス併設の一流ホテルは、決して少なくありません。というのも、レジデンスは、ホテルマネージメント会社や不動産デベロッパーからすると、ホテルよりも単価が大きく、高収益のビジネスだからです。そのため、レジデンスの設備や内装は、ホテルよりもさらに豪華なことが少なくないのです。

ホテルにみるシェア時代の新たな「コト所有」

次に、「ホテルの体験を、自宅に持ち帰る」コト所有についてみてみましょう。

ロンドンの「ザ・バークレー」は、フランスのラグジュアリーブランドのリセールECプラットフォームを運営する「ヴェスティエール・コレクティブ」と提携し、スイートルームの衣装トランクに入っているハイブランドを好きなだけ借りられるサービスを提供しています。11段の引き出しには、エルメスのケリー、カルティエの腕時計をはじめとした高級ブランドのヴィンテージの宝石、スカーフ、ハンドバッグがずらり……思わず心が踊ってしまいます。気に入れば、買い取りも可能!

また、"香り"というソフトな商品でも、密かなブームが沸き起こっています。ロビーの扉が開いた時にフワッと漂う"ラグジュアリーホテルの香り"を、自宅でも楽しめるホテル独自のフレグランス商品は、男性向けファッション雑誌でも特集されるほどの人気となっています。

何でもシェアの時代だからこそ、新しい所有体験である「コト」×「所有」

の価値が高まっています。ホテル・旅の非日常的な空気感、居心地の良さという「コト」、上質な経験の一部をあえて買い、日常に取り入れるという「所有」。この「コト」×「所有」の視点は、新たなビジネスチャンスの切り口になりそうです。

ホテルも「移動」する時代？

最後に、「常識や固定概念にとらわれないホテルの形」として紹介するのが「移動するホテル」という新しいコンセプトのホテルです。

第1部でもご紹介しましたが、アフリカ大陸専門の旅行会社ジャーニィ・バイ・デザインが提供する「ラグジュアリーモバイルキャンプ」は、野生動物の大移動に合わせて、キャンプの設置場所を移動（＝モバイル）するという"究極のキャンプ体験"です。キャンプには、ガイドのほかにシェフや執事なども同行し、テント設営から食事の準備などのすべては手配済み。もちろんセキュリティ面も保障付きです。
事前に旅行会社と相談しながら旅程をカスタマイズして、SNS映えするオリジナルなサファリ体験ができることが評判を呼び、利用者は急増しています。

モロッコの高級ホテル「ダルアラム」を創設したフランス人実業家の
ティエリー・テシエがプロデュースする「70万時間」(700000heures)
は、数ヵ月ごとに場所を移動する、世界にも類を見ない「移動するホテ
ル」です。

「70万時間」の名前は、人生を80年として時間に換算した数字に由来し
ています。2015年のプログラム創設以来、イタリア、カンボジア、ブラジ
ル、フランスを巡って非日常な旅の体験を提供し続けてきたテシエが、
2021年の「70万時間」の場所に選んだのは日本。伊根町(京都府)と高
野山(和歌山県)の2ヵ所が旅の舞台で、「漁師と一緒に舟で海に出て
採ったばかりのウニを舟上で味わう」「真言宗の開祖である弘法大師の
霊廟と20万基以上の皇族、公家、大名などの墓を擁する聖域、"奥之院"
探索」といったユニークなアクティビティを満喫します。

ホテルのあり方が進化を遂げ、旅におけるホテルの選択基準が大きく
変わる時代。各々の旅のスタイルに合ったホテルを選ぶのも、あなたの
旅に新たな楽しみをもたらしてくれることでしょう!

第11章 ルーツ×旅

11-1 ルーツを知る旅 「ヘリテージトラベル」

祖先のルーツを探索するニーズの高まり

ドイツ文学・哲学者だった私の父は、長年ドイツを拠点に研究活動を行っていました。私自身も、幼少期と高校生の頃にハンブルクで暮らしたことがあります。

また、母方の祖父は香港、上海、曾祖父はフィリピン、上海との交易に携わる貿易商でした。私が今こうして国境や国籍を意識せず、仕事やプライベートで頻繁に海外にわたり、現地の人と触れ合うことに抵抗がないのも、曾祖父の代からのDNAがあるのだと感じずにはいられません。

最新の遺伝子検査では、祖先の特徴とルーツを知ることができ、気軽に遺伝子検査を受けてみる人も増加傾向にあります。

従来の遺伝子検査では身体的特徴や先天性の健康リスクの有無などを知りたいという健康面のニーズが主流でした。それに加えて昨今は、DNA鑑定から祖先の情報を探索するニーズが高まっています。

アジア人、とりわけ単一民族の日本人の場合は90パーセント以上が「日

本人」という結果になるため意外性はないのですが、他民族国家であるアメリカや寛容な移民政策を持つフランスなどではさまざまな国の血が混じっているケースが多く、DNA鑑定は関心を集めています。「自分は完全に白人だ」と思っていたら実はアフリカ人の血が入っていた！というおもしろい結果が出る人もいるようです。

注目を集める「ヘリテージトラベル」

さて、旅のトレンドにおいても、自らの祖先のルーツを深く理解する「ヘリテージトラベル」が、数年前から注目を集めています。

2017年の秋、遺伝子検査サイトのAncestryDNAがツアー会社のGo Ahead Toursと提携し、系図学者が同行するヘリテージツアーを企画。2018年には、豪華なクルーズ船の周遊ツアーを提供するイギリスのCunardが、AncestryDNAとの提携による「系図の旅」シリーズの提供を開始しました。最初に企画したツアーは、イギリス・サウサンプトンから、かつてアメリカ合衆国移民局が置かれていたニューヨークのエリス島へと渡る、7泊のクルーズ旅行でした。

2019年には、世界最大手の民泊仲介サイトのAirbnbが、遺伝子検査を専門とする23andMeと提携し、ゲストが自分のルーツを訪ねる「ヘリテージ旅行」のサービスを発表しました。ユーザーのルーツとなる国でのおすすめの過ごし方を紹介する機能を加えたものです。

Airbnbは、この「ヘリテージ旅行」機能のリリースの中で、次のように述べています。

「ルーツを辿る旅でAirbnbを利用する旅行者数は、2014年から500%増加した。このうち78%はカップルあるいは一人旅で、このような旅行が自らを振り返るような体験、あるいはパートナーと共有したい大切な瞬間ととらえられていることを示唆している」
（Melissa Wiley「遺伝子検査をして先祖が暮らした場所へ旅する『ヘリテージ旅行』が人気に」ビジネス・インサイダー／2019年12月4日）

この他にも世界各国の旅行会社が、遺伝子検査機関による検査結果とマッチさせたツアーを続々とリリースしています。プライバシーと倫理に関する懸念から、遺伝子検査そのものへの関心はピークを過ぎたと言われていますが、遺伝子検査から派生したヘリテージトラベルの人気は今後も続いていくでしょう。

「ハプログループ」を知ればルーツがわかる

日本人も単一民族とはいえ、実は多くのルーツを持っていることをご存じですか?

日本人の多くは、祖先の系統ごとに、大きく10タイプの「ハプログループ（ミトコンドリアハプログループ）」に分類されます。

海の底に沈んだ幻の大陸「スンダランド」が起源とされているグループや、シベリアが起源のマンモスハンターの末裔、中国中部にルーツを持ち弥生時代に日本に稲作をもたらしたグループなど──自分のハプログループを知ることで、祖先たちがどのような経路で未開の地を開拓し、日本まで辿り着いたのか、どのような特徴を持っていたのかが理解できるのです。

ハプログループに関する研究は今も進んでおり、今後も新しい事実、新しい学説が登場する可能性も高い分野です。実際、現生人類がアフリカ大陸のどこで誕生したのかということはわかっていなかったのですが、2020年11月に、現在のボツワナ共和国だとする研究結果が発表されま

図表11-1　日本人の10種類のハプログループ

グループ	構成比	起源	特徴
D	35%	中国中部	日本以外では中国や朝鮮半島にも多く、東アジア集団を特徴づけるグループ
B	13%	中国南部	ハワイを含む太平洋の島々から南米大陸まで、全世界に分布を広げた開拓精神溢れるグループ
M7	13%	海底に沈んだ大陸「スンダランド」	日本人独特の集団で、日本列島に最も古く居住しているグループだと考えられている
G	7%	中国北部	日本以外ではシベリアなど北部地域に多いのが特徴
A	7%	シベリア	古代にはシベリアでマンモスを狩猟していたとも考えられている
N9	7%	ユーラシア北部	カムチャッカ半島をはじめとする北東アジアに分布
F	5%	東南アジア	東南アジアで最も多くの人が該当するグループ
Z	1%	中国北部	現代ではシベリアを中心に北欧の一部地域にも分布
M8a	1%	中国北部	大陸で歴史を築いた勇敢な民族である「中国漢民族」を特徴づけるグループ
C	1%	中国北部	中央アジアからアメリカ大陸まで広く分布

株式会社ディー・エヌ・エー「DeNAがDNA解析！日本人の祖先のルーツをたどる」を基に著者作成

した。

五感を駆使してイマジネイティブにストーリーを描くのが旅の魅力。そこに最新のデジタル技術や学術研究が融合することで、旅のカスタマイゼーションはさらに進化していきます。ヘリテージトラベルもまた、その進化の途中にあるのです。

旅を通じて、自分の「ルーツ」ととことん向き合い楽しむ——今、ヘリテージトラベルが熱い!

11-2　旅を通じて
地球の「ルーツ」を知る

表層的な観光から、土地の奥行きを知る旅へ

フランス・パリのシャンゼリゼ通りの出発点にある「コンコルド広場」。パリを観光で訪れる際は必ずといってよいほど立ち寄る定番スポットで、常に多くの観光客でにぎわっています。ウェディングのフォトスポットとしても人気があります。

このコンコルド広場、実は1789年にフランス革命が起こった際には「革命広場」と呼ばれ、総勢1200人もの人々が処刑された場所でもありました。かのルイ16世やその王妃マリー・アントワネットもこの広場でギロチンにかけられました。
今ではそのことを誰も忘れているかのようににぎわいを見せていますが、コンコルド広場は、フランスの革命の歴史を今に伝える貴重なシンボルでもあるのです。

街にはそれぞれ固有の歴史が存在します。私が今さら言うまでもないことですが、知らない土地や異国を旅することは、その土地の歴史に触れることでもあります。「歴史と旅」をテーマにした紀行文の名作も枚挙にいとまがありません。

しかしながら、典型的な日本人の海外旅行スタイルは、ヨーロッパ1週間でロンドン、ローマ、パリ、プラスもう1都市を観光し、ひたすらバスツアー……という代物。よく売られている絵葉書の名所をひたすら周遊しては移動、の繰り返しでは、街が持つ歴史の奥行きを感じることはできません。

表層的に多くの観光名所を巡るより、一つの土地の風土や歴史を深く探索してみませんか?日本人特有の「時間消費型トラベル」から脱却し、「旅力」を養うためにも、そのことを私はお薦めします。

歴史がファッションと融合し新たなカルチャーを生み出す

東京・台東区の蔵前は、いま「東京のブルックリン」と呼ばれ、若者の人気スポットへと変貌を遂げています。

蔵前は、江戸時代に徳川幕府の御米蔵(浅草御蔵)があったことが地名の由来とされています。隅田川沿いに位置する蔵前には、江戸幕府が、全国に散在する天領(幕府の直轄地)から年貢米や買い上げ米などを収納・保管した江戸最大の米蔵がありました。多くの米問屋や札差(旗

本・御家人に対して、蔵米の受け取りや売却を代行して手数料を得ることを業とした商人）があり、蔵前は江戸有数の繁華街として隆盛を極めたのです。

また、台東区内には昔から多くの寺社があったことから、蔵前は多くの職人が住む街でもありました。

隅田川という河川に面している立地に加えて、江戸時代からのクラフトマンシップがDNAとして受け継がれている蔵前。そこにインスパイアされた多くのクリエイターやデザイナーが集い、ショップやアトリエを構えています。また、江戸時代からの倉庫や蔵をリノベーションしたバーラウンジやカフェが軒を連ね、街並みに彩りとにぎわいをもたらしています。

海に囲まれた島国に鎖国という制度が、海外とのコミュニケーションが苦手な日本をつくり上げたひとつの要因ではあります。しかし、その閉鎖的な江戸時代のカルチャーが、現代のファッションとして解釈され、外国人観光客にも人気のスポットに変貌しているのはおもしろい現象です。この蔵前のように、街の歴史が生み出した新たなカルチャーに触れるのも、旅における歴史の楽しみ方のひとつでしょう。

また、ビジネスにおいて、たとえば外資系企業が極東の日本で新しい商品やサービスをローンチする際にも、日本の文化、歴史を理解しながら人や企業と接することで、東京と江戸の違いという歴史視点だけでなく、グローバルシティとしての東京のポジショニングがよりよく理解できるのではないでしょうか。

「東京」を理解するために「江戸」を知る―――一考の価値ありです!

土地の風土と歴史を形成する「地形」

さて、その土地の歴史や風土を現代人の私たちに教えてくれるもののひとつが「地形」です。特に、かつての行政・政治の中心地や城下町などには、地形の特性を熟知し、大地の気を取り入れて繁栄を築いた例が数多く見受けられます。

『日本書紀』によると、602年、百済の僧・観勒が「地理」という名前で風水を伝えたと記されています。以来、歴史上の為政者が都を築くには、必ずこの風水の手法を取り入れていました。藤原京に始まり、平城京、恭仁京、長岡京、平安京……そして鎌倉幕府、江戸幕府にも風水が用い

られました。

平城京、平安京は中国の長安がモデルであり、恭仁京は、秦の始皇帝の都「咸陽城」をモデルにしたとして伝えられています。京都や奈良の大極殿跡は周辺に大きな建物もなく、吉相の地形をはっきりととらえることができます。自然地形の観点から見ると、平城京（北の北山・貴船・船岡山、東の東山、西の愛宕山、南の小倉池）は最も完成度が高いといえます。

江戸は、太田道灌が開き、家康が発展させました。家康のアドバイザーは天台宗の大僧正・南光坊天海です。
天海のアドバイスのもと、家康は富士山というパワーの源から流れ出る地の気（龍脈）が東に向かった先に龍脈が集まる龍穴をつくり、その龍穴の上に江戸城を築くことで、天下を治めるパワーを得ました。そして江戸城を中心に、右回りにお堀をつくりました。水は地の気を集め、右回りは地の気を江戸城に集めることができます。

目黒、目白など五色不動は、陰陽五行思想（木・火・土・金・水）に相対する五色（白・黒・赤・青・黄）の色にちなんで選ばれた不動尊で、目黒不

動、目白不動、目赤不動、目青不動、目黄不動など、地名と色にも密接な
関係があります。

気を操るテクノロジーを駆使した世界のパワースポット

パワースポットと呼ばれる名所や旧跡は、気のパワーの強い土地であ
るがゆえに、そう呼ばれています。

中国は、大学でも「風水学」という学問が確立されており、太古の昔から
建築の中に風水を採り入れてきました。紀元前1900年〜 1600年頃に
あったとされる夏から殷、周、晋、漢、隋、唐に到るまでの約3千年間、風
水は皇帝や貴族のために用いられた、都市計画や建築、お墓の建築技
術でした。2019年に火事で全焼してしまった沖縄の首里城も、独自に
中国から風水を取り入れ琉球王朝を守ってきました。
また、中国では天文学が発達し、華僑の海外進出に伴い朝鮮、日本、シ
ンガポール、台湾へと広まっていきました。

ユネスコの世界遺産（文化遺産）にも登録されている万里の長城。歴史
の教科書では、「外からの敵を防ぎ、守りを固めるために築いた」などと

説明されています。が、本当のねらいは、この土地の持つ壮大なエネルギーを発する「龍脈」を自国に導き入れるためだったと言われています。まさに、古代から続く叡智といえるでしょう。

古代エジプトでは、地相占術法を用いながら、星座の位置に合わせてピラミッドの配置を決めていたそうです。ギザのピラミッドは底辺がちょうど東西南北に、ほぼ正確に向いています。ピラミッドの中の「王の間」には北と南に向かってシャフト（通気孔のような孔）が空いていますが、北のシャフトは北極星を、南のシャフトはオリオン座の中心の三ツ星の一つを、それぞれ指しています。

西洋でも、東洋の龍脈のように地の気が流れる直線を「レイライン」と呼び、古代の遺跡群をつなぐと直線状にレイラインが現れます。古代ケルト民族のドルイド教の寺院や、天文の観測関連遺跡と言われるストーンヘンジも、このレイラインの上にあります。

インドでは、占星術と地相占術が結びつき、発展を遂げてきました。古代の遺跡や神社、またマウントシャスタやルルド、セドナ、ペレの椅子……世界のパワースポットを訪れると、科学技術を超越した、地球が持

つ気のパワー、そしてそれを熟知し建築思想に採り入れていた人類の叡智を感じずにはいられません!

言葉だけではないサステナビリティに向き合えるか?

さて、現代に目を向けてみましょう。人の都合だけで、山を削り、河川や池、湾岸を埋め立て、高層ビルを建てる。そんな宇宙の法則や自然の摂理を無視して龍脈や地の気を乱し、風向きを変えたことが、未曽有の災害を引き起こしているような気がしてなりません。
地形が変わるだけなく、土地が持つ気のパワーを無視し、自然の力にケンカを売っているような恐ろしい行為です。

地崩れは、山を削った罰。
液状化や地盤沈下は、海や池を埋め立てた罰。
高層ビルやタワーマンションの建設ラッシュは、風の流れを変え、龍脈を堰き止め、温暖化を引き起こす。
自然が怒り、地球が怒っているのです!

今日ではサステナビリティやSDGsがトレンドワードになっていますが、

言葉だけが一人歩きして、本質的な真の課題に向き合っていないように思えてなりません。ポーズではなく、世界の共通のテーマであるエコロジーの改革を本気でやらなければ、もう地球は持ちません。地球自身がその警告を発しているような気がしてなりません。

方位磁石のない時代、人々は北側から季節風が入り込まないように、また南から暖かく陽の気を取り入れるために平坦な土地を選ぶなど、その土地の山や川の配置や太陽の運行に合わせて居心地のよい場所を住処に選んでいました。そして、世界文明や都市が栄える場所の傍には必ず大河があるように、水の気をうまく採り入れていました。自然の法則に沿った暮らしを送れば、国の繁栄、健康長寿になることを、昔の人々は生活の知恵として知っていたのです。

これからのコーポレートブランディングや企業のミッションにおいても、太古の人類の叡智にもう一度思いを馳せながら、本気でサステナビリティと向き合う姿勢が求められます。換言すれば、そこにこそビジネスチャンスがあるのです。

言葉だけではないサステナビリティに向き合う。そのきっかけとして、

日本の、そして世界のパワースポットを旅して「気のパワー」を感じてみませんか?

✈ ブランドへの共感を育む「旅」の体験

229 - 241 →

ブランド×旅

ブランドへの共感は「体験」から生まれる
ブランドの世界観に浸る、極上の旅の体験

新しい旅のトレンドやスタイルについてお話ししてきた本書の"旅"も、この第5部で終わりを迎えようとしています。ここでは少し視点を変えて、旅の体験を企業のサービスや商品のブランディングに活かしている事例をいくつか紹介します。

消費者の関心が「イミ消費」へと向かう中で、人々はサービスや商品を購入する際に、そのブランドの社会における意義、すなわちブランドパーパスを求めるようになっています。そのブランドパーパスへの「共感」が、ブランドを支持する動機となります。

そのブランドパーパスをどのように消費者に伝え、「共感」を醸成し、エンゲージメントを強化できるか。それが、「イミ消費」時代のブランドマーケティングの大きな課題です。その「共感」を醸成するのに、「旅」の体験を通じてブランドのストーリーを表現することはとても有効なのです。

第12章 ブランド×旅

12-1 ブランドへの共感は「体験」から生まれる

今、ブランドの「パーパス」が問われている

アメリカン・エキスプレスの最上位のブラックカード「アメックス・センチュリオン」。そのセンチュリオン会員向けのイベントに足を運ぶと、近年ではそのイベントテーマにも少しずつ変化がみられることに気づきます。

以前には清水寺や高台寺、建仁寺などを貸し切った特別拝観などの体験イベントがよく行われていましたが、最近では「パリのシェフ×京都和菓子職人」や「パテック・フィリップ社×日本の伝統工芸士」といった異色のコラボなど、新たな体験価値を見出し提供しようとする努力が垣間みられます。

さて、第2部で「モノ消費」から「コト消費」、そして「イミ消費」へと、消費トレンドが大きく変化している話をしました。単なる要・不要を超えた購買動機、すなわち「目的や意味」を見出そうとするイミ消費は、ブランドの新たな選択軸になってきています。

そのイミ消費の流れを受け、新たに浮上したキーワードが「ブランドパーパス」です。

ブランドパーパスとは、直訳すると「ブランドの目的」ですが、「ブランドの存在意義」と訳したほうがより正確です。「自分たちのブランドを通じて世の中にどのような影響を与えたいのか」「ブランドの存在によってどのように社会を変えていきたいか」という、社会におけるブランドの存在意義を指す言葉です。

つまり、商品やサービスのブランドに対して、その機能的、実利的な価値にとどまらず、ブランドの存在意義や、その存在意義の背景にあるストーリーまでを吟味し、支持するのが「イミ消費」の時代における新たな消費者行動になっているのです。

イミ消費のカギはブランドパーパスへの「共感」

今日、ブランドパーパスが重視されているのは、単なる機能やファッションを超えた、その企業や商品の社会的な存在意義に「共感」したいという消費者心理があるからです。

2021年1月に博報堂が発表した「ブランドパーパスに関する生活者調査」によると、ブランドパーパスを重視する割合（ブランドの理念や思想

を購入基準にする）は 20 代が最も多くなっています。また、生活者はブランドパーパスに一度共感すると、値引きがなくても買ってくれ、自らブランドの情報を取得し、周りの友人や家族に勧める傾向にあります。

この調査を実施した博報堂は、「（生活者）それぞれの価値観に寄り添って後押しするようなパーパスが、共感を生む」と現代の消費者心理を分析し、「企業や商品のブランディングもパーパス（社会的存在意義）を起点とした生活者との共創型、参加型へとシフトすると考えられます」と結んでいます。この「生活者との共創型、参加型へのシフト」が、ブランドパーパスで企業と生活者（消費者）を結びつけ、エンゲージメントを強化する大きなポイントといえそうです。

ブランドが「体験」をデザインする

ブランドパーパスが消費者に支持される時代には、商品やサービスに対する消費者の「共感」をどう創造していくかが企業には求められます。その商品やサービスから単に物質的・機能的なベネフィットを受けるだけでなく、そのベネフィットを超えた先にある「共感」が、これからのブランドの強さの源泉になっていきます。

そして、「共感」を創造する上で、いま多くの企業が取り組んでいるのが「体験」を織り込んだブランド戦略です。

2020年12月。ザ・ペニンシュラ東京で行われた「ルイ13世エクスペリエンス・ディナー」に招待されました。

世界最高峰のコニャック「ルイ13世」。その芳醇な香りを生み出すには100年もの間熟成させた原酒が必要とされます。6リットル入りボトルの「ザ・マチュザレム」の価格は、実に1100万円にも上ります。

会場であるザ・ペニンシュラ東京のスイートルームの扉を開けると、1874年の誕生以来守り抜かれてきたその伝統を体感するにふさわしい演出が、随所に施されていました。ホテルの各レストランから一皿ずつ供される料理、一流のピアニストによる生演奏——数多あるブランデーとは一線を画す至高の香りに会場は包まれ、夢のような時間はあっという間に過ぎていきました。

このラグジュアリーなディナー体験を通して、そのブランドがどんな思いでルイ13世というプロダクトを作っているかという哲学や価値観に触れることができました。まさに「体験」によってブランドへの共感を創造する好例といえます。

このように、現代はモノを売る企業が「体験」をデザインし、顧客の「共感」を醸成する時代へと変化しています。「モノ」を「コト」として売る、と言い換えることもできるでしょう。その「体験」がブランドパーパスへの「共感」を醸成し、消費者とのエンゲージメントの強化をもたらすのです。

12-2　ブランドの世界観に浸る、極上の旅の体験

フェラーリがカリフォルニア中を駆け抜ける!

少し前の事例になりますが、今でも鮮明に記憶しているのが、カリフォルニア州観光局がフェラーリとタイアップした観光プロモーション「Fly and Drive! Social Road Trip in California　カリフォルニアをフェラーリで駆け抜ける旅」です。

2人のレポーターがサンフランシスコからサンディエゴまで、「フェラーリカリフォルニア」で自由にドライブする旅の様子を、特設サイトやFacebook、Twitterなどで紹介するものです。SNSを通じてユーザーからタイムリーにコメントやリクエストを受け、ドライブコースをフレキシブルに変更しながらカリフォルニアの街中を疾走する様子は臨場感がありました。同時に、まったく計画していない道を走行し、カリフォルニアの人々との思わぬ交流を楽しむレポーターの姿にはセレンディピティな旅の楽しみが演出されていました。
SNSを活用した視聴者とのインタラクティブなコミュニケーションも当時としては画期的で、結果としてフェラーリの持つブランドのスポーティな魅力も伝わる、見事なプロモーションでした。

このプロモーションも、前述したブランドが「体験」をデザインする好例のひとつです。このように、一部の企業ではブランドの持つイメージを「旅」にからめて演出し、非日常の体験価値を創造することで顧客とのエンゲージメントを築いています。

アストンマーティンが演出・極上の旅「Art of Living」

イギリスの高級車ブランド・アストンマーティンは、ラグジュアリーなライフスタイルイベント「Art of Living by Aston Martin」を毎年開催しています。世界各国で行われる旅行、高級グルメ、スポーツ、ファッション、カルチャーといったアクティビティを通じて、アストンマーティンというブランドの世界観を全身で体感できるトラベルイベントです。

例として、2019年の「Art of Living」から、世界中のアストンマーティン・ファンを魅了するアクティビティを一部ご紹介します。

- 北海道オン・アイス（2月・日本）……北海道の十勝スピードウェイを訪れ、アストンマーティンのスポーツカーで雪上・氷上での限界走行を体験。

- モナコGPプログラム（5月・モナコ）……パドックに設けられた豪華な「アストンマーティン・レッドブル・エナジー・ステーション」でF1レースを堪能。
- グッドウッド・リバイバル（9月・イギリス）……クラシックカーの祭典「グッドウッド・リバイバル」で、60年前に世界スポーツカー選手権の王冠を手に入れたアストンマーティンの特別展示を見ながらブランドの歴史に思いを馳せる。

アストンマーティン・パートナーシップのディレクターを務めるセバスチャン・デルメールの次のコメントからは、アストンマーティンというブランドの世界観を伝える「Art of Living」のねらいがうかがえます。

「このプログラムは、ゲストの皆様に、他では決して手に入れることができない特別な体験を提供します。細心の注意を払って計画されたツアーでは、アストンマーティン流のライフスタイルを体験し、アストンマーティンというブランドの世界に浸っていただくことができます。すべてのプログラムでは、素晴らしい体験を共有することのできる、素敵な仲間と出会うこともできるでしょう」
（「アストンマーティンが手がける、極上の旅「Art of Living」。」

GENROQ web ／ 2019年2月6日）

旅の話題から少しそれますが、アストンマーティンは東京・青山に超高級マンションの建設を計画しています。シンガポールにエルメスのマンションが、上海には同じ高級車ブランドのベントレーのマンションが登場するなど、ハイブランドが住宅市場に参入し、ブランドの世界観を打ち出した新たなライフスタイルを提案する試みに期待が高まります!

100kmのドライブコースを味わい尽くす非日常

高級四輪駆動車を専門とするイギリスのブランド、ランドローバーは、2018年にブランド生誕70周年を記念した体験イベント「LAND ROVER ABOVE AND BEYOND TOUR」を全国各地で開催しました。その企画の目玉となったのが、「旅するアウトドアホテル」がコンセプトの"The Caravan"。白崎海洋公園(和歌山県)や西伊豆(静岡県)を会場に、大自然の中の宿泊体験を満喫します。

日本の自動車メーカーも負けてはいません。ここでは日産「X-TRAIL(エクストレイル)」が提案する、全長100kmのレストラン「THE FULL

COURSE」をご紹介します。

「THE FULL COURSE」は、100kmのドライブコースをX-TRAILで移動しながら、福島の大自然の中でフルコースを堪能するというユニークなコンセプトのフードツーリズムです。
福島のめくるめく大自然の中をX-TRAILで走破しながら、女沼や達沢不動滝といった絶景スポットをロケーションに、オーナーシェフ・長谷川稔氏が腕を振るうフルコースを堪能します。新しいフードツーリズムの形を提示する「THE FULL COURSE」は、X-TRAILというブランドの持つ本来のアクティブさに、ラグジュアリーさという新たな付加価値をもたらしています。

日本のブランドからもう一例。いまやアウトドアブランドとしてはトップクラスの人気を誇る「スノーピーク」では、手軽にラグジュアリーなキャンプを楽しめるグランピング施設を、白馬北尾根高原（長野県）や観音崎（神奈川県）などに次々とオープンしています。これらのグランピング施設では、世界的建築家・隈研吾氏とスノーピークが共同開発したモバイルハウスや、グランピング特別仕様のスノーピーク製テントに宿泊することができ、大自然のフィールドの中でのラグジュアリー感を味わうこと

ができます。

「ブランド×旅」のぶっ飛んだ事例が、ダンヒルが旅行会社のホワイトデザートとともに企画した「ダンヒル・ホワイトデザート南極体験」。高さ60メートルもの氷瀑の頂上にキャンプを構え、南アフリカ・ケープタウンから取り寄せる最高級のケータリングを満喫しながら、近在のロシアやインドの研究基地から訪れる科学者たちとの会話を楽しむ。知的好奇心も充足できる、これぞ究極のラグジュアリーキャンプ!

「旅のプラットフォーム」を仕掛けるスーツケースブランド

「ブランド×旅」というテーマで、ユニークな施策を展開しているブランドに、スーツケースブランドの「Away（アウェー）」があります。

2015年、アメリカ・ニューヨークで生まれた「Away（アウェー）」。米サムソナイト、独リモワなど100年以上の歴史を持つブランドの勢力が強いスーツケース市場にあって、2015年の創業から2年半で50万個を売り上げるなど新進気鋭のスーツケースブランドとして注目されています。

そのアウェーは、スーツケースブランドという枠にとどまらず、自らを「旅のプラットフォーム」と称して、SNSなどのメディアを通して旅の魅力を発信することにも注力しています。

そのブランド戦略でひときわユニークなのが、同社が発行する雑誌『HERE』。この雑誌、装丁や誌面にアウェーの商品はほとんど登場しません。よく見ると、表紙の右下にささやかにロゴが入っているだけです。

アウェーという名前を知らなくても、『HERE』の誌面からは、アウェーが届けたい「旅にまつわる世界観」を感じることができます。

アウェーはSNSにも注力しており、Instagramのフォロワー数は約55万人（2021年7月現在）とスーツケースブランドではリモワ（約52万人（同））をも上回りナンバーワンです。

雑誌『HERE』やSNSを通じて「旅にまつわる世界観」を発信し続けるアウェーのブランド戦略からは、同社がスーツケースという「モノ」を、旅の体験という「コト」に換えて売っていることがうかがえます。前述したブランドパーパスを醸成する好例です。

旅という「体験」を通じて「共感の連鎖」を強化していく

旅を通じて、ブランドの体験価値を高める。それは、なにもラグジュアリーブランドに限ったことではありません。前述したキャンプ用品やスーツケースなど、生活や趣味など身近なブランドにも、旅を通じて顧客とのエンゲージメントを高める事例は数多くみられます。

大事なのは、そのブランドを通じてどういった「体験」を創造し、顧客の「共感」を得られるかということです。そこにはそのブランドが持つパーパス、すなわち社会に対する存在価値が自ずと問われます。
そして、ブランドパーパスに対する消費者の「共感」が得られたら、それが消費者から消費者へと、口コミやSNSを通じて連鎖していきます。この「体験」を起点とした「共感の連鎖」が、ブランドと顧客のエンゲージメントを強化していくのです。

消費者は常に、ブランドに対して進化を求めています。おもしろいことに挑戦したり、新しい世界観を提示してくれるブランドに感動を覚えます。そういった機能的・物質的な満足ではなく「感動＝心の満足」を獲得するための演出のひとつが「旅」なのです。

おわりに

旅の楽しみ方はそれぞれ自由です。
また、旅を通じての学び方も人それぞれです。
そこに答えはありません。

ただし、その「旅」に費やす「時間」は、皆さんに平等に与えられています。1分は1分。1時間は1時間。世界共通です。
旅に費やす時間が同じでも、あわてて観光名所やご当地グルメを詰め込んだ結果、疲労ばかりが残る旅と、旅先は一つでもじっくりと目に見える風景や聞こえる音など、じっくりと五感で体験する旅とでは、その体験価値がまるで違うことは言うまでもありません。

本書では「旅」を通じてさまざまな学びや切り口をご紹介しましたが、「時間消費型トラベル」から脱却し、いかに中身のある生きた旅の過ごし方を実現していただけるか、という点にこだわりました。

人の内側にある情感は、それがピークに高ぶるのは一瞬かもしれません。しかし、旅を通じて新たな体験と価値創造にファンタジー力を掛け算することで広がる情景は、物理的に見えている景色よりはるかに大きく、かつダイナミックで、心に深く記憶されます。

極論すれば「1時間より長い5分」「10分より短い3時間」という感覚に陥るほどに時間軸がわからなくなるような「五感を揺さぶられる時間」を過ごし、充実した時間を刻み込んでほしい。そのために、旅のあり方を変容する「トラベル・トランスフォーメーション」が、本書で私が伝えたいメッセージです。

ちょっと大げさな言い方をしましたが、モノ消費からコト消費、さらにイミ消費へと向かう、世界の富裕層の消費トレンドの流れを汲んで、自分に合った「トラベル・トランスフォーメーション」の形を、実践可能なところから始めてほしい、そのための気づきをサポートしたいという思いが、私に筆をとらせました。

すでに数年前からこのイミ消費の流れはきていましたが、新型コロナウイルスという予測不能な事態が起こり、これを書いている現在も世界中が怯える状況が続いています。
そして、この未曾有のパンデミックによって、少なくとも世の中のさまざまなシステムが大きく変化し、人々の意識も変容しました。また、巣ごもり状態で移動の自由が奪われたからこそ、マイクロツーリズムのように近隣の素晴らしさ、日本の良さにあらためて気づいた方も多くおられ

たかと思います。

かつてモノ消費が主流だったバブル期以前の時代は、人々は欧米の富裕層のファッションやライフスタイルを形から真似て、ブランド品をこぞって手に入れようとしていました。「モノ」は具体的な形となって登場し流通するので、その時代をビジュアルで捉えやすい特徴があります。たとえば今日では、本文でも触れているように「ラグカジュ」が時代の象徴といえるでしょう。

そのように、イミ消費が流行する現代であっても、ファッションアイテムとして時代を象徴する「モノ消費」自体が廃れることなく、今後も進化し続けていくことでしょう。
イタリア好きな私自身も、まだまだモノに対してのこだわりは滅法あります。海外への移動が自由になったら、買物天国・ミラノのセレクトショップやサルトリア文化を継承したナポリのス・ミズーラも今から楽しみです。

とはいえ、消費トレンドはコト消費からイミ消費へと本格的にシフトしています。自分なりにクリエイティヴな生き方に磨きをかけ、主観的・主体的

に価値を追い求める時代。また、社会全体をとらえ、自らが地球上に存在し何が貢献できるのか?といった視点で意識・行動を再考する時代です。自分なりの価値軸と存在意義をどう見出し、モデルチェンジするのか?そのヒントをつかむのに、旅ほど有意義な機会はありません!

本書でご紹介したさまざまな旅のキーワードや事例を手掛かりに、読者の皆様が「おもしろい!」と感じるテーマを自由にピックアップして、思い思いの「トラベル・トランスフォーメーション」の旅路に出かけてみてください。その旅の体験があなたの五感を揺さぶり、先入観のバイアスを外し、新たな発見をもたらすきっかけになってもらえることを、切に望みます。

2021. 10

【参考文献・資料】

「世界56位」日本が幸福度ランキングで毎年惨敗する根本原因／星 渉
https://president.jp/articles/-/44422?page=1

人はどうして旅するの？（観光動機）／林幸史
https://note.com/yo_hayas/n/n53c0115d4c8f

【最新版】日本のパスポートは世界ランキング1位！ 2021年海外渡航状況
https://esta-center.com/passrank/index.html

120%満喫できる！ "パリ3泊4日旅行"で主要観光スポットを巡るプランはこれだ
https://rtrp.jp/articles/95490/

ルイ・ヴィトン
https://jp.louisvuitton.com/jpn-jp/la-maison/a-legendary-history#

クレディ・スイス「グローバル・ウェルス・レポート 2020」
https://www.credit-suisse.com/media/assets/apac/docs/jp/pb-research-reports/csri-global-wealth-report-2020-jp.pdf

ジャーニーズ・バイ・デザイン
https://www.journeysbd.com/

2020年 世界の大富豪ランキングTOP10がやっている習慣 (2020/06/03)
https://mtame.jp/column/worldn_millionaire_rankings_2020/

睡眠は8時間、夕食の後は皿洗い？ 世界で最も裕福なジェフ・ベゾス氏の暮らしとは
(2018/03/08) ／ Áine Cain
https://www.businessinsider.jp/post-163381

ベゾス氏を抜いて世界2位の大富豪になった「知られざる男」とは？ (2017/08/03) ／
Kate Taylor
https://www.businessinsider.jp/post-100607

特に影響力を持つ富裕層インフルエンサー「Affluencer」をいかに活用するか
(2017/12/08)
https://ecclab.empowershop.co.jp/archives/47936

日本政府観光局(JNTO)「富裕旅行市場に向けた取組について」(2020/10)
https://www.mlit.go.jp/kankocho/content/001366730.pdf

スノヘッタがつくり出す、自然と一体となったホテル。氷河やオーロラに囲まれ、木の上
で孤独を楽しむために
https://www.axismag.jp/posts/2019/09/142127.html

株式会社テクニカン
https://www.technican.co.jp/

冷凍機器メーカーの冷食専門店「トーミン・フローズン」横浜にオープン、特産品や飲食
店の味を冷凍で/テクニカン(2021/02/12)
https://www.ssnp.co.jp/news/frozen/2021/02/2021-0212-1612-14.html

カーブドッチワイナリー
https://www.docci.com/

一般社団法人ONSEN・ガストロノミーツーリズム推進機構
令和2年度　地域のガストロノミーを活かしたツーリズムに関する調査検討業務報告書
(令和3年3月)
https://onsen-gastronomy.com/wp-content/uploads/2021/05/1043e98cb726803
e3da4d5a182f58824.pdf

世界屈指の美食の街【サン・セバスチャン】〜いつか旅するための保存版ガイド〜
https://kinarino.jp/cat8-%E6%97%85%E8%A1%8C%E3%83%BB%E3%81%8A%E5
%87%BA%E3%81%8B%E3%81%91/32804-%E4%B8%96%E7%95%8C%E5%B1%88
%E6%8C%87%E3%81%AE%E7%BE%8E%E9%A3%9F%E3%81%AE%E8%A1%97%E3
%80%90%E3%82%B5%E3%83%B3%E3%83%BB%E3%82%BB%E3%83%90%E3%82

%B9%E3%83%81%E3%83%A3%E3%83%B3%E3%80%91%EF%BD%9E%E3%81%84
%E3%81%A4%E3%81%8B%E6%97%85%E3%81%99%E3%82%8B%E3%81%9F%E3
%82%81%E3%81%AE%E4%BF%9D%E5%AD%98%E7%89%88%E3%82%AC%E3%8
2%A4%E3%83%89%EF%BD%9E

フランス　リヨンで、待望の「国際ガストロノミー館」がオープン！（2019/12/20）
https://tokuhain.arukikata.co.jp/lyon/2019/12/post_309.html

AGRI PLAN
http://www.agriturismo.jp/agriturismo.html

モノ消費からコト消費へ。流行りのソーシャルダイニングってどんなサービス？
（2020/01/11）／有村理沙
https://www.wantedly.com/companies/company_7063147/post_articles/203024

「店を持たない食の伝道師。ジョナ・レイダーのこと」料理王国（2020/04/23）
https://cuisine-kingdom.com/jonahreider/

伝説を生むリゾートブランド"SONEVA"の魅力
https://crea.bunshun.jp/articles/-/29777

27歳で資産46億円以上！　スーパートレーナー、カイラ・イチネスの人気の秘密
（2018/09/21）
https://www.womenshealthmag.com/jp/fitness/a66380/fitness-
allaboutkaylaitsines-180921/

株式会社グローバルインフォメーション
市場レポート：世界のウェルネスツーリズム市場（2020年～ 2024年）（2020/09/11）
https://www.gii.co.jp/report/infi966423-global-wellness-tourism-market.html

旅して免疫力を高める　ウェルネスツーリズムのすすめ（2020/11/01）
https://style.nikkei.com/article/DGXMZO65215910Q0A021C2000000?channel=

DF140920160941

中国のお客様向けに亀田総合病院でのVIP総合健診(人間ドック)がセットになった
パッケージ商品の発売を開始!(2017/01/12)
https://www.anahd.co.jp/group/pr/201701/20170112.html

森林浴、禅、生きがい…ヨーロッパで3つの人気の日本語ワード(2019/06/13) ／
Naoko Nomoto
https://tokyoesque.com/ikigai-zen-shinrinyoku/

独立行政法人森林総合研究所
第2期中期計画成果集
https://www.ffpri.affrc.go.jp/pubs/seikasenshu/dai2ki/documents/aic.pdf

<最新!旅行意識調査> 7割が旅行の「計画疲れ」に悩む! 気づくといつも同じ「マンネ
リ旅」を6割以上が経験! ～プロがあなたに代わって旅行計画!旅工房の「コンシェル
旅」が本格始動～ (2018/06/05)
https://about.tabikobo.com/news/press/2018/06/180605

日本人アーティストがNYのバーに描いた「落書き」に脚光(2019/10/14)
https://www.cnn.co.jp/style/arts/35143923.html

葛飾北斎が描いた波は、ハイスピードカメラでとらえた波と酷似していた。(2015/02/13)
https://karapaia.com/archives/52184808.html

そこはまるで美術館! アートと泊まれる世界のユニークホテル。(2019/01/31)
https://www.vogue.co.jp/lifestyle/travel/2019-01-31

板室温泉　大黒屋
http://www.itamuro-daikokuya.com/

和空　下寺町
https://waqoo-shitadera.com/

小屋場　只只
https://koyaba.info/

ローマで三ツ星シェフのコース料理が30分で食べられる(2018/07/26) ／ Yori
https://tabi-labo.com/288760/transitmeal01

ATTIMI BY HEINZ BECK
https://attimi-heinzbeck.it/roma-fiumicino/en/

約20年後に航空旅客が倍増へ、2036年に78億人の予測、中国市場は2022年に米抜きトップに ──IATA予測(2017/10/29)
https://www.travelvoice.jp/20171029-99686

すべての家具を購入できる、コペンハーゲンのショールーム型ホテル「THE AUDO」(2020/04/05) ／森あおい
https://ideasforgood.jp/2020/04/05/the-audo/

Airbnbが「ヘリテージ旅行」に進出、23andMeと提携(2019/05/29)
https://livhub.jp/news/airbnb-23andme-heritage-travel.html

一般社団法人 国際風水氣学協会
https://fusuikigaku.com/

博報堂「ブランドパーパスに関する生活者調査」レポート
──生活者が共感するブランドパーパスの視点と、パーパスのマーケティング・経営上の効果を分析(2021/01/25)
https://www.hakuhodo.co.jp/news/newsrelease/87994/

カリフォルニア、SNSなど活用しプロモ実施～フライ&ドライブテーマに（2012/02/28）
https://www.travelvision.jp/news/detail/news-52407

アストンマーティンが手がける、極上の旅「Art of Living」。(2019/02/06)
https://genroq.jp/2019/02/06/15902/

NISSAN X-TRAIL PRESENTS THE FULL-COURSE
https://www2.nissan.co.jp/SP/X-TRAIL/FULL-COURSE/

久我尚子／「感染不安と消費行動のデジタルシフト」／ニッセイ基礎研究所ホーム
ページ
https://www.nli-research.co.jp/report/detail/id=65190?site=nli

「『隈研吾・西澤明洋が語るアフターコロナの建築とデザイン』。建築倉庫ミュージアムに
よるライブ配信をリポート」LIFULL HOME'S PRESS（2020/06/28）／萩原詩子
https://www.homes.co.jp/cont/press/rent/rent_00810/

レティシヤ・プセイユ「「日本人の休み方」はフランス人には不思議だ」東洋経済オンラ
イン（2017/08/10）
https://toyokeizai.net/articles/-/183631

『デジタル大辞泉』小学館
https://daijisen.jp/digital/index.html

https://www.open-meals.com/sushisingularity/
https://kyoudo.kankoujp.com/?p=143
https://search-for-mylife.com/paris_airport_caviarhouse/
https://www.visitcalifornia.com/jp/attraction/auberge-du-soleil
https://www.organic-studio.jp/making_column/10314/
https://magellanresorts.co.jp/hotel/chivasom/
https://www.aman.com/ja-jp/resorts/amanemu
http://www.cliniquelaprairie.jp/

https://savvytokyo.com/shinrin-yoku-the-japanese-art-of-forest-bathing/
https://www.businessinsider.com/mark-zuckerberg-visited-india-thanks-to-steve-jobs-2015-9
https://www.businessinsider.jp/post-203294
https://www.700000heures.com/ja/
https://www.imajina.com/brand/entry/1933
https://www.hakko-group.co.jp/190205_art_of_living_aston_martin
https://ec-force.com/blog/d2c_no48
https://solarjournal.jp/solarpower/33784/
https://www.teestyle.jp/country/monaco/monaco/hotel/HotelMetropoleMonteCarlo.html
https://view.iltm.com/2020/07/10/global-heatmap-green-goes-mainstream/
https://president.jp/articles/-/44422
https://kokai.jp/%E4%B8%96%E7%95%8C%E5%B9%B8%E7%A6%8F%E5%BA%A6%E3%83%A9%E3%83%B3%E3%82%AD%E3%83%B3%E3%82%B02021%EF%BC%88world-happiness-report-2021%EF%BC%89%E6%97%A5%E6%9C%AC%56%E4%BD%8D/

ショーン・エリス、モーガン・ブラウン（著）、門脇弘典（訳）『Hacking Growth グロースハック完読本』（日経BP）（2018年）
山田理絵（著）『グローバルエリートが目指すハイエンドトラベル』（講談社）（2019年）
渡辺順子（著）『世界のビジネスエリートが身につける 教養としてのワイン』（ダイヤモンド社）（2018年）
「日経トレンディ」2020年12月号（日経トレンディ）（2020年）

【著者プロフィール】

西田 理一郎 (にしだ りいちろう)

1968年1月生まれ
株式会社ディープルート　代表取締役
他　外部取締役・顧問各社、投資家
情報の伝達から行動の仕組み化をプロデュース。
コミュニケーションを売りの構造に結びつける
マーケティング＆クリエイティブプロデューサー。
著書に『予測感性マーケティング』(幻冬舎)『ヨーロッパ文学散歩』
旅行エッセイ『life is a journey』等
www.deeproot.co.jp

アフターコロナ時代の
トラベルトランスフォーメーション

2021年10月18日　初版第1刷発行

著　　　者／西田理一郎
発　行　者／赤井　仁
発　行　所／ゴマブックス株式会社
　　　　　　〒153-0064
　　　　　　東京都目黒区下目黒1丁目8番1号
　　　　　　アルコタワー7階
印刷・製本／日本ハイコム株式会社
編集協力／野村理恵
　　　　　　堀尾大悟
カバー・デザイン／阿部顕一郎

© Riichiro Nishida, 2021 Printed in Japan
ISBN978-4-8149-2372-4